VUCA時代を
生き抜く力も学力も身に付く

男子が中高6年間でやっておきたいこと

聖光学院中学校高等学校 校長
工藤誠一

KADOKAWA

はじめに

VUCA時代のジェントルマン

〝Be Gentlemen!!〟（紳士たれ）

初めまして。神奈川県のカトリック系中高一貫男子校、聖光学院の校長をしております、工藤誠一と申します。本書を手に取っていただき、ありがとうございます。

さて、冒頭の文言は本校のモットーです。皆さんは、ジェントルマンという言葉からどんな人物像を想起されるでしょうか？　私は、本校の生徒に対して、社会の成員として**自らの価値を発揮できる知性とリーダーシップ、他者の傷にそっと触れることのできる心の温かさ**をもつ人間であれと常々語っています。

そして、そのすべての基盤として、本校はリベラルアーツと生徒主体の活動を重視した教育にシフトしてきました。

中高生男子と共に歩んだ45年

中高の6年間は激動の時代です。葛藤の中で、友人とも親や教師ともぶつかりながら成長していきます。そんな時期に、**彼らを導き、共に歩む大人として どうあるべきか、具体的に何をするべきか**。私は聖光学院の教員として、教頭、校長として、半世紀近くにわたって考え、実践を続けてきました。

ここで簡単に私の自己紹介をさせてください。

私は横浜で、従業員約200人の寝具の製造販売を手がける家の3代目として生まれました。いわゆる「お坊ちゃん」ではありましたが、3世代同居、隣接する工場の工員さんやご近所さんにもかわいがられ、下町らしい賑やかな雰囲気の中で育ちました。

聖光学院に入学したのは1968年のこと。学園祭である「聖光祭」の運営に没頭し、活発に学校生活を送る一方で、友人と同人誌を編んだり詩作に夢中になるような一面もありました。

明治大学卒業後、母校の社会科教諭として働き始めました。転機となったのは教員13年目、1991年のことです。高3生を送り出したのを機に退職して実家を継ごうとしたとき、事務長就任の要請を受けたのです。最終的には引き受けることとなり、財務や労務の目線で学校を見た経験は、校長としての今の仕事にも活かされています。

1998年に教頭に就任し、2004年からは校長として、また2011年からは理事長も兼任し、学校の経営全般に関わっています。

リベラルアーツの力を基盤とした学校改革

教頭就任を機に、学校改革に着手しました。改革のイメージにあったのは、自分が生徒だった頃の、**文化的で自由闊達な聖光の雰囲気**でした。というのも、私が卒業してからの聖光は、教師主導で机上の学習に専念させる、管理的な在り方に傾斜していたのです。

しかし、それでは生徒は萎縮し、本来の力を発揮できません。「進学校」と呼ばれながらも、進学実績は横ばいの時代が続きました。

知識を詰め込むばかりで学びの喜びがない教育では、生徒の力は伸びない。もっと生徒の主体性を引き出す教育であらねばならない。そこでまず注目したのが、リベラルアーツでした。

リベラルアーツとは、実用的な目的から離れた、芸術や自然科学、人文科学、社会科学などの分野の横断的な知識を指します。中高生にリベラルアーツを身に付けさせるには、**机上の学習だけでなく、仲間と共にある体験的な学び**が必要だと考えました。

最初に始めたのは、学年と教科の枠を取り払った課外講座の「聖光塾」です。聖光塾についてはChapter03で詳しくお伝えします。

聖光塾を端緒に、アートや音楽の基礎を学ぶ選択芸術講座、地理的・歴史的に特徴のある地域に赴いて数日間のグループ学習を行う選択総合演習など、多様な人との関わりや生の体験に支えられた学習を充実させてきました。

時代に応じたグローバル教育・ICT教育

「不易流行」という言葉がありますが、教育には、時代を問わない「不易」と、時代の流れに沿った「流行」の両面が必要です。リベラルアーツの重視が「不易」だとすると、グローバル教育やICT教育は「流行」。本校では、他の進学校と比較してもグローバル教育やICT教育を早期から導入しています。

私は、教育とは本来、時代の先を行くものであるべきだと考えています。**教育の成果が出るのは、生徒が社会で活躍する10年後、20年後の話**だからです。

現代は社会の変化が激しく、先行きも不透明です。そんな時代の教育に必要なのは、**主体的に思考する力、困難から立ち直る力、自らを成長させ、変容する力を育む主体的な学び**なのだと、私は考えています。

授業・生徒活動の両輪で主体性を育む

本校は生徒の主体的な活動の場を多く設けています。そこには、自分の持ち味を活かし、リーダーシップをとる体験をしてほしいという思いがあります。

本校は2024年、東大合格者数が100名を突破し、多くの生徒が第1志望の大学へ進学していきました。彼らは中3生のときにコロナ禍を経験した世代です。本校では、コロナ禍の影響が強かった2020年、2021年とも、学園祭や体育祭、修学旅行などの行事をすべて実施しました。他校にはほぼ例のない大きな決断でしたが、**生徒が主体性を発揮して1つのことをやりきった体験**は、将来に向けての主体的な選択やそのための努力、意欲にも大きく寄与したのではないかと考えています。

本著は、横浜山手の丘の上で、生徒たちと重ねた試行錯誤の日々から生まれました。生徒の知性や主体性、温かな心を育むために重ねてきた工夫のいくつかが、中高生のお子さんと歩む皆様のお役に立てることを願っています。

Contents

Chapter 03

学校での思考する力・変容する力・立ち直る力を育む取組み

Contents

Chapter 04

子も親も変容し続ける力が新時代を生きる鍵に

Chapter 05

人や芸術との触れ合いが予測不能の困難から立ち直る力を養う

Contents

Chapter 06

自ら思考する力で大学受験も社会も過渡期の時代を生き抜く

STAFF
装丁／小口翔平＋佐々木信博（tobufune）
本文デザイン／羽鳥光穂
イラスト／佳奈
DTP／キャップス
校正／麦秋アートセンター
取材協力／八田 吏（mugichocolate）
編集／長田和歌子

VUCA時代に生きる力を育む 中高生男子の6年間

聖光学院の生徒が6年間かけて取り組む体験活動・教育活動のうち、特色あるものをまとめました。多様な活動を通じて教養を高め、変化の激しい時代を主体的に生きる力を育むことを目指しています。

中1・中2　前期教育課程

Point
- 自律的な生活習慣
- 基礎学力の養成
- 学習習慣の確立
- 協調性を育む体験

中3・高1　中期教育課程

Point
- 主体的に行動する力
- 論理的思考力と応用力の育成
- 多様な社会へのまなざし
- 仲間とともにやり遂げる体験

高2・高3　後期教育課程

Point
- 幅広い一般教養と豊かな人間性
- 主体的な進路選択
- 希望の実現に向かう意欲的な学習態度
- リーダーシップ

［11月］芸術鑑賞教室

生徒会運営
［4月末］聖光祭
［9月下旬］体育祭

聖光塾

長期休業期間中を中心に、1日～数日間かけて行う任意参加・学年非限定の体験学習講座。教科の枠に囚われない、本格的でアカデミックな内容に触れることで教養を高め、生きる力を育むことを目的とする。

選択芸術講座（中2）

週1回（2時間）、音楽分野、美術分野、演劇から選択して1年間学ぶ。国際人としての教養と、言語によらない表現力を身に付けることが目的。

選択社会科演習（中3）

設置コースの中から生徒が選択し、国内の各地で3～7日間のフィールドワークや体験学習を行う。

土曜講座（高1）

週1回（2時間）、多様な分野の専門家の講演を通じ、社会課題や将来の進路について考える

家庭科移動教室(高2)

「地域と食」「伝統文化と食」等のテーマのもと、長野県で食文化について学び、調理実習を行う。3泊4日。

外国語・グローバル教育
- オンライン英会話（中2必修、中3～高2任意）
- 語学研修·海外ホームステイ（中3、高1任意）

進路指導・受験指導
- 夏期・冬期・春期講習（高2・高3）
- 進路希望別講座（高3任意）

Chapter 01

息子の態度や考えていることがわからなくなったら

Check point

- ✓ 子の試行錯誤を見守る
- ✓ 成長の波を理解する
- ✓ 具体的に助言する

中高6年間は自分自身の価値を模索する時期

午前の授業終了のチャイムが鳴るや否や、食堂をめがけて一斉に押し寄せる制服の群れ。男子校である本校の、お腹を空かせた生徒たちの日常です。

「今日のランチ美味しかったか？」

「最近、調子はどうだ？」

などと、私は常に生徒たちに声をかけるように心がけています。なぜかというと、中1は無邪気に笑顔を見せてくれるものの、中2～3くらいになると、少しずつ斜に構えた様子を見せ始め、話すタイミングを失ってしまうからです。

このくらいの時期から親子関係も少し難しくなることが増えると思います。**中学に入る頃というのは、ちょうど自我が芽生え、親からの自立心を育み始める時期**です。身体も心も急激に成長する中で、不安や苛立ちを自分でうまく言語化することができず、急に無口になったり、イライラしたり。

ところが、**高校生くらいになると、そんな自分自身の変化にも少しずつ慣れてきて、視野も広がり、吹っ切れたように柔らかい印象になって、大人に近い存在へ**だんだんと成長していきます。

本校では生徒会はもちろん、部活や学園祭、体育祭などを、ほぼ生徒の自主運営に任せています。そのため、責任ある高校生ともなると、校長である私と企画や予算の交渉をしたり、個人的な相談をしたりしに彼らから話しかけてくるようになります。相談内容は、成績や進路のこと、友人関係といったことが多く、**仲間に揉まれながら自分自身の価値を模索する時期**であることを物語っています。

側から見ると、お子さんが何を考えているのかわからないと思い悩まれるかもしれませんが、彼らは心の奥では自分の生き方や将来のことを真剣に考えています。そして、夢や目標に対する期待と不安、自分の可能性への問いに、大きく揺れています。模索する姿を不安要素と捉えないでください。中高6年間の中で立ち止まることも葛藤することも、成長の大切な一部ですから。

中高生男子と向き合うには親のアップデートが必要

家では部屋にこもってオンラインゲームばかり、テストの結果も親が言わなければ見せない。我が子はいったい将来のことをどう考えているのだろう……。本校の保護者からは、そんな嘆きをよく聞きます。そして、そんな姿は、親からすると幼く、頼りなく見えてしまうのでしょう。

しかし、彼らは幼くて何も考えていないわけではありません。難関大学に入って一流企業に就職すれば安泰だとされていたのは昔の話。景気のいい時代を知らない今の中高生は、**親世代が若者だった頃に比べると、かなりシビアに社会を捉えています。**

さらに大学生ともなれば、今の学生は授業にきちんと出て、さらに専門学校とのダブルスクールで資格を取るなど、親世代よりもよほど勉強熱心です。

一方で、親の側が価値観をアップデートしていないケースも見受けられます。特に、親自身が成功を収めてきた自覚のある場合、自分の歩んできた道が唯一の正解だと思い込みがちです。そんな昭和の人生設計を親が頭ごなしに押し付けてしまえば、子どもは押し黙るか、反発するしかありません。

VUCA《ブーカ》（Volatility-変動性・Uncertainty-不確実性・Complexity-複雑性・Ambiguity-曖昧性）の時代と呼ばれるように、現代は先の予測がつかない、答えが1つではない時代に突入しています。AIの台頭やグローバル化などの影響で、職業の枠組みそのものもますます変化していくことでしょう。

「何がなんでも東大に」

「就職は安定した大企業に」

といった価値観は、もはや絶対的なものではなくなっています。

我が子が親の言葉を聞かなくなったと感じたとき、また、想像もしない未来を語り始めたとき、彼らは私たちと全く異なるアンテナで社会の動きを掴み、生き方を模索し始めているのかもしれません。子どもに助言する際には、自分の生きてきた時代とは全く違ってきているのだということを、念頭に置く必要があるのです。

中高生になったら新たな親子関係を育む

中高生になってから、すっかり無口になって、学校で何があったのか、どんな友達と過ごしているのかさっぱりわからなくなってしまった……。我が子のこうした変化に戸惑う保護者は少なくありません。

しかし、中高生男子は体も心も成長の真っ最中。**親の庇護の下から少しずつ脱し、個人として自立していく過程にある彼ら**が、自分のことをいちいち話さないのは、実はとても自然なことです。

子どもを夫や妻と置き換えてみれば腑に落ちるはずです。あなたの夫（または妻）は、大切な局面を除いては、考えていることや仕事の内容などをいちいち言わないでしょう。

自立した大人同士は、相手の領域に必要以上に干渉しないものです。我が子の考えていることがわからないと感じるようになったら、むしろその成長を喜んだほうがいいと、私は思っています。

もしかすると、会話が減ったことで、我が子から拒絶されているような感覚をもたれるかもしれません。慈しみ深く育てた、相思相愛だった我が子との関係を思い出し、寂しさも感じることでしょう。

しかし、子どもは親の所有物ではありません。彼らには、親が気に入るようにふるまう義理はないのです。大人同士ならば当然の考え方ですが、こと相手が我が子となると、このことを見落としてしまう保護者も少なくないように見受けられます。

思い通りにならない子どもに戸惑う気持ちのどこかに、子どもは親の思い通りになるものだという思い込みはないでしょうか。

素直でかわいかった我が子は、たくましく自立していきます。**我が子と共に、自らも成長する親でありたいと願うことが、新しい親子関係の鍵**となるのです。互いに尊重し合える関係は、新たな発見に出会う喜びをもたらしてくれるでしょう。

中高生男子は誰に何を相談すべきか見極めている

家では無口な中高生男子も、学校では全く違う姿を見せます。休み時間になると、教室も廊下も生徒の賑やかな話し声で溢れており、SNSでのやりとりも含めると、今どきの中高生男子は実によく友達としゃべっていると感じます。社会のさまざまな事象への興味が急速に広がる彼らにとっては、友達とのおしゃべりも大切な情報収集の場であり、関係づくりや自己表現の場なのでしょう。

そんな彼らにとって、悩みごとの相談相手も、親や教師ではありません。彼らが**まず相談するのは同年代の友達、次に先輩**です。やはり、年齢が近いほうが、環境も価値観も近く、「共感してもらえている」と感じられて話しやすいのでしょう。これは、いつの時代も変わらないのではないでしょうか。

私も、教師になりたての頃は、生徒からの相談によく乗っていました。その頃は、生徒と年齢も近く、彼らの考えていることもよくわかる気がしていましたが、この年齢になるともう難しいものです。だからこそ、こちらから話しかけて生徒を知ろうと努めていますが、やはり同年代の友達にはかないません。教師や親に相談するのは、よほど困ったときだけです。

中高生は、意外にも、誰に何を相談すべきか、相手をよく見定めています。子どもが相談に来るのは、あなたが信頼されている証です。ですから、彼らのほうから何か言ってきたときには、ぜひ時間を割いて丁寧に手を差し伸べてあげてほしいと思います。

くれぐれも、心配が先走って、

「だから日頃から言っていたのに」

などと子どもを責めないようにしましょう。親にまで相談せざるを得なくなってしまった、という**切羽詰まった心を汲み取りつつ、本人にとって納得のいく具体的なアドバイスをしてあげてください。**

中高での成長の波を理解しておくと親は対応しやすくなる

中高一貫校で6年間の生徒の成長を見ていると、自分自身を模索してもがき、激動する中2前後の時期と、自分の将来を視野に入れ、落ち着いて歩み出す高2前後の時期の、大きく2つの成長の波があると実感しています。

1つ目の波は中2です。喜怒哀楽を素直に表現していた中1と比べ、中2になると感情を隠すようになります。弱みを見せたくないくせに、**自分らしさや格好良さは出したい**。それが教員や大人に対して壁をつくるような態度に表れます。

外見を気にするようになるのもこの頃で、本校でも、先輩の真似をして流行りの髪型にしてくる生徒が増えます。また、それまで校章入りの通学バッグを使っていたのが、自分の好きなデザインのバッグを持つようになる生徒も増えます。

また、中2はトラブルも増加してきます。友達と喧嘩したり、家出して自転車で県外へ出てしまったり、過去にはギャンブルに手を出してしまう生徒までいました。体も心も激変し、**自分で自分をどう扱ったらいいのかわからない時期**なのです。

2つ目の波は高1から高2にかけてです。この頃になると、言動が落ち着き、人間的にもぐっと丸くなります。本校では、部活や生徒会、行事の中心として仲間と切磋琢磨する時期です。

また、高校卒業後の進路について考え始める時期でもあります。文理選択や志望校選択などの機会を通じ、**「自分はどう生きたいのか」**との問いが生まれます。

複雑さが増す社会にあって、高校生たちは自分の将来を具体的に描きにくくなってきています。そこで、本校の高1では、毎週土曜日に、さまざまな分野で活躍するゲストスピーカーを招聘し、講演形式の一斉授業（土曜講座）を行っています。講演者の中には卒業生も多く、生徒たちは良い刺激を受けて視野を広げています。

高3になると、描いた未来に向かって歩き出すスタートラインに立ちます。進みたい未来と自分の現実とのギャップに悩んだり、折り合いをつけたりしながらも、彼らは着実に、大人の世界へと突入していくのです。

中高生男子が変化するのは自分で納得したときだけ

我が子が成長するに従って、だんだん理屈っぽくなってきたと感じることはないでしょうか。幼い頃は、行動を咎められればただ泣くか怒るかしていた子も、本人なりの論理を立てて反論することが増えてきます。

昔ならば、「屁理屈を言うな」と力でねじ伏せる親も多かったのでしょうが、最近は、いったんは子どもの言葉を聞こうとする保護者が多いようです。まずは子どもの言い分を聞こうとする親の姿勢は、子どもの成長にとっても大切なことです。

しかし、子どもの話に矛盾を見つけるや否や、子どもを正論で追い詰めてしまうことはありませんか。

まだ視野が狭い子どもの理屈は穴だらけです。矛盾を突こうとすればいくらでもできるのですが、それで土俵際まで追い詰めてしまっては、子どもとしても立つ瀬があ

りません。親の言うことに筋道が通っていればいるほど、むしろ、

「うるさいな！」

と心を閉ざしてしまうでしょう。

子どもが**自分の行動を変えるのは、自分で納得したときだけ**です。それなのに、親の側が先に正解を言ってしまうと、子どもは納得いかないまま親の出した答えに従うか、反抗するかになってしまいます。

子どもには、自らを省みる余白を与えてほしいのです。そのためには、結論まで言わず、**事実にフォーカスするのがコツ**です。例えば、テスト前なのになかなか勉強しないときに、勉強しないことの弊害をくどくど説いても効果はありません。

「次のテストは何日からなの？」

と事実を確認し、気づきを促す程度に留めましょう。

なかなか変化の見られない子どもの姿は非常にもどかしいものですが、焦らなくても大丈夫です。**本人が必要だと思えば必ず自分から動き出します**から、ゆったり構えてやっていきましょう。

悪いことをしたときこそ、正論ではなく心に響く声かけを

友達との付き合いなどで小遣いが足りなくなり、親の財布からお金を盗んだことがわかってしまった。ゲーム課金で口座からの高額な引き落としが発覚した。そんなとき、あなたならどう対処するでしょうか。

親として何が至らなかったのかと考えて、情けない気持ちにもなることでしょう。ショックのあまり、

「お前のやっていることは犯罪だ。お前は家族の信頼関係を壊したんだよ」

などと言ってしまうかもしれません。

確かに、ここぞというとき、**親が真剣に対峙することは必要です**。

しかし、どんなふうに話すとしても、1つだけ大切にしてほしいポイントがあります。それは、子どもが心を入れ替えてやり直そうと思えるような、改善につながる言

葉をかけることです。

親に悪さが露見した瞬間、大抵の子どもは、すでに反省しているものです。そんなときに本人の人格や親子の関係性を全否定する言葉をかけてしまえば、前を向こうとしている子どもの心を砕いてしまいます。

あなたは必ずやり直せる、あなたを信頼したいと思っているということを前提としたうえで言葉をかけ、反省を促してほしいのです。

そして、大切なのは同じ過ちを繰り返させないことです。そのために、子どもの生活ぶりを、これまでよりも丁寧に見てください。

具体的には**お金の使い方と帰宅時間を見ておくこと**をおすすめします。経験上、中高生はこの2つから崩れていくことが多いと感じています。おかしいなと思うことがあっても、**感情的に責めず、事実を確認する**に留めましょう。

親が自分に気持ちを向けていることを感じて、子どもの生活が自然と落ち着いてくることも多いものです。自らの過ちに自ら気づき、悔い改める時間を、子どもたちにもたせてあげてください。そこから学ぶこともあるはずですから。

父親が管理しすぎると自走力不足の子どもに育つ

あなた（またはあなたの夫）とお子さんは、どんな父子関係でしょうか？

①趣味や活動を共有する仲の良い関係、②お互いにリスペクトし合える関係、③良きライバル関係

思春期の頃は、右のような理想的な関係に当てはまるご家庭は少ないでしょう。子どもは、意外なほど、親の抱く理想に敏感です。しかし、成長するにつれて「**お父さんの理想通りにはなれない（なりたくない）**」と自分でも気づき始め、父親のことを遠ざけるようになる傾向が見られます。多くの場合、反発を経て、大人になった後に再び父親を理解し、関係が改善していくものですが、父親が厳格に子どもを管理するケースは将来に禍根を残すかもしれません。

中学受験の際に、父親が熱心になるケースが見受けられるようになりました。各校

の入試問題傾向を徹底的に分析したり、学習スケジュールを詳細に管理したり、エクセルで成績の推移を可視化したりと、まるで仕事のマネジメント手法のようです。子どもの学習を１つのプロジェクトと捉え、効率や結果を重視しているのでしょう。

ここまで過度な管理でなくとも、親の期待に沿って頑張る子どもは、実は**自走力が不足し、親の管理が外れる中学以降に力を発揮できない傾向**があるのです。

中学入学後、急に手を離すのは難しいとは思いますが、子どもの主体性や独立心を育む環境をどう整えていくかという、新たな「プロジェクト」にぜひ着手してください。

ポイントは、**子どもの気持ちや考えをどれだけ認められるか**、そして、子どもの紆余曲折にどれだけ付き合えるかです。

ある生徒は、父親の跡を継ぐべく医者を志したものの、父親の卒業した医大には合格せず、別の学部に進みました。けれど、彼はその後、改めて医学の道を志して医学部に再入学し、今、父親は息子と一緒に仕事をする日を楽しみにしているそうです。

今はお子さんのことをふがいないと感じるかもしれませんが、必ず自ら道を切り拓いていける日が来ることを信じてあげてください。

ここが良かった

卒業生からのメッセージ vol.1

45 期（2008 年卒業）　川口成彦さん

PROFILE

東京藝術大学音楽学部楽理科卒業後、同大学古楽科修士課程修了。アムステルダム音楽院古楽科修士課程修了。ピアニスト及び歴史的鍵盤楽器奏者として活躍中。ブルージュ国際古楽コンクール最高位（2016 年）。第 1 回ショパン国際ピリオド楽器コンクール第 2 位（2018 年）。

やりたいことへの挑戦を強力サポート

私がプロの演奏家になることを決めたのは聖光祭（学園祭）がきっかけでした。有志による自主コンサートである「ミュージックサロン」に中 3 で初参加し、ソロで 40 分間ピアノ演奏する機会を得ました。40 分といえばプロのハーフコンサートのようなもの。**演奏曲の組み立てから自分で行い、10 分を超える大曲にも初挑戦**しました。

この演奏経験によって、自分自身が心の底から楽しめたこと、お客さんの反応を目の当たりにしたことから、ピアニストになるという人生を自分で決めることができたのです。お客さんに音楽のギフトを届けたいという、演奏家としての能動的な姿勢を培う貴重な経験になりました。

生徒の力を信じ、その生徒に合った進路への挑戦を惜しみなく応援してもらえたことは、今でも感謝していますし、それが聖光の大きな魅力だと感じています。

Chapter 02

自立を促す 中高生男子との 家庭での関わり方

Check point

- ✓ 介入すべきポイントを見極める
- ✓ 子のペースを尊重する
- ✓ 基本的生活習慣を改めて見直す

家庭と学校の役割の境界線は曖昧、家庭でスタンスを決めておく

中高生時代は、家庭と学校が協力しながら子どもを育んでいく時期です。しかし、どこまでが家庭の役割でどこからが学校の役割か、案外曖昧なものです。

例えば、下校時に生徒が通行人とトラブルを起こしたとき、学校外の出来事ですから、本来は家庭の責任になるところです。しかし、大抵の場合、最初に連絡が入るのは学校です。場合によっては、職員室にいる教員が対応に出向くこともあるでしょう。

学業や友人関係の悩みにしても、明確に線引きすることは不可能です。

けれど、**子どもに関する困りごとは解決に時間がかかることが多く、特に、人間関係が関わると、より複雑になる面があります。**中学生は、大人への反発も強まる時期でもあるため、小学校の頃よりも対応が難しくなってくることは、すでにお感じになっているかもしれません。

「どう対応したらいいかわからないから、教育のプロである学校に任せたい」

という気持ちもわかります。もちろん、困ったことがあったら学校に相談してみるのは、一つの手です。**学校での姿を知る教員と話すことで、突破口が見つかる場合もある**はずですから。

とはいえ、学校は相談に乗ることはできても、学校外のことについては決定権がありません。子どもにどのくらい家事などの手伝いをさせるか、ゲームやスマートフォンの使用ルールはどうするか、小遣いはいくらが適正か……。特に中学生の保護者からそうした相談を受けることもありますが、そこに正解はありません。一般的な傾向をお話しすることもありますが、最終的にはご家庭で判断するよう勧めています。

家庭にはそれぞれの事情や流儀があり、それは家庭や家族の個性にもつながるものです。親は、正しい親になろうとするよりも、自分なりのやり方を貫いても良いのではないでしょうか。

「よそはよそ、うちはうち」で良いのです。もっと自信をもって、あなたらしい家庭教育をつくっていってほしい、それが正解になると私は経験上、確信しています。

現代特有のSNSトラブルは家庭と学校の両輪で解決する

今の中高生にとって避けては通れないのが、インターネットやSNSにまつわる問題です。悪質なサイトにアクセスして法外な額の利用料を請求されたり、SNSへの投稿が人間関係のトラブルに発展したりと、インターネットの普及により、**子どもたちが直面するトラブルの質が、以前と比べて明らかに変質しています。**

トラブルとまでいかなくとも、インターネットの使用時間や使い方の問題で頭を悩ませている保護者からの相談は実に多いものです。実際に、学校にいる時間に起きたトラブルであれば、もちろん学校で対処します。校内でのスマートフォンの使用については取り決めがある学校も少なくないでしょう。しかし、学校の決まりは限定的なものです。学校外でのインターネットやSNSとの付き合い方については、別途、**家庭ごとに使用時間や場所、閲覧するサイトの制限などのルールを子どもと話し合って**

定め、ルールを守れるよう子どもを導いていただく必要があります。

とはいえ、それはあくまで理想の姿であって、現実はそう簡単ではないでしょう。スマートフォンを与えるときには神妙にしていた息子が、いざ使い始めると約束したはずのルールを破ったり、そのことを指摘しようものならば目を剝いて反発してきたりと、対応に苦慮している家庭も多いはずです。

家庭だけでなく、今、多くの学校が、SNSトラブルの対応に頭を悩ませています。本校も例外ではありません。外部の識者によるセミナーを開催して啓発に努めながら、使用ルール自体の見直しをしていくなど、対応もいまだ試行錯誤の最中にあります。

SNSトラブルは、家庭と学校が両輪となって子どもを導いていくべき課題といえます。頭の痛い問題ですが、子どもを守るという観点で考えると、ここは厳しく対峙していったほうがいいのではないかと思慮しています。

中高6年の心の成長を築くには家庭の安定が礎に

イギリスに、

「ゆりかごを揺らす手は、世界を支配する」

ということわざがあります。次世代を担う子どもたちを育てる人の影響の大きさを表す言葉ですが、私自身も、ゆりかごを揺らす手はできるだけ安定したものであってほしいと考えています。激しく揺れたり、急に止まったりしては、子どもは驚いて成長のための眠りから覚めてしまいますから。

いちばん身近な存在である親が安定していることは、子どもに安心感を与えます。

特に多感な中高6年間は、幼少期と変わらず、自分がいる場所に安心を感じながら成長することで、何があっても自分は大丈夫だという自己肯定感が育まれ、立ち直る力になっていきます。こうした心の礎を築くことが、家庭でできることの一番の基本であり、最も重要なことだと、私は考えています。

生きるために必要な知性や感性、身体能力は、心の礎の上に積み重なっていくものです。基礎ができていないところに積み上げようとしても無理があります。**心の礎は生活の場でこそ育まれる**もの。学校ができるのは、家庭で築いた心の礎の上に、さまざまな能力を積み重ねていくお手伝いです。

学業や部活動などでさまざまに活躍する生徒の保護者にお会いすると、我が子に無理に何かをさせようと汲々としている方はまずいらっしゃいません。どことなくおおらかな雰囲気があり、子どものすることをどっしり構えて見守っている方が多いのです。その様子を見るたびに、**家庭の安定感がベースとなって子どもの心の礎を育み、その上にその子の個性が花開いている**のだと実感しています。

もちろん、そうした保護者にしても、悩みがないわけではないでしょう。不透明な世の中を生き抜く大変さをはじめ、難しい時期の子どもを育てる故の悩みもあると思いますが、ときに疲れた顔を見せながらも、基本的には笑顔でいてくれて、日々の暮らしを守ってくれている安定感が、子どもにとってはとても大切なのです。

心身共に強い子に育てるには基本的な生活習慣の習得がマスト

心の礎を築くうえで大切なのが、基本的な生活習慣の確立です。決まった時間に起きて学校へ行き、きちんと三度の食事を摂り、時間が来たら眠る。「おはよう」や「おやすみ」の挨拶をする。こうした**基本的な生活習慣ができている生徒はやはり心身共に強く**、受験の追い込み時期にも折れることなく伸びていきます。たとえ夜更かしをしたり、食事が不規則になったりすることがあっても、**体が習慣として覚えていることは軌道修正もしやすい**ものなのです。

系列の幼稚園の園長も兼務しているので、幼児の保護者と会う機会も多いのですが、近年、慌ただしい様子の保護者が増えていると感じます。手のかかる幼児期は特に、入浴、食事、寝かしつけと、タスクをこなすだけで精一杯なのではないでしょうか。核家族が主流の今、仕事をしながら家事も子育てもすべてを担わざるを得ない親の負担は大変なものです。

ただし、忙しいとどうしても、親のペースで子どもを動かすようになりがちなことには、注意しておく必要があります。

「もう○時だから早く寝なさい！」

などと自室へとせき立てては、子どもは親の言いなりに動くことだけを覚えることになってしまうでしょう。

子どもが生活習慣を自分のものにするためには、**自分で判断し、行動する体験の積み重ねが必要**です。そのためには、子どものペースに合わせて声をかけ、子どもが納得して動き出すのを待つという親の余裕が問われるのです。子どもの切り替えはゆっくりなので、親としてはじれったいことこのうえないのですが……。

ときどきは、子どもを急かしすぎていないか振り返ってみてください。

子どもが生活習慣を身に付けるのには時間がかかります。小学生の頃はできていたことが**中学に入るとできなくなるということも実際よくあります**。そんなときは少し戻って、もういちど根気強く声をかければ大丈夫です。焦ることはありません。

コミュニケーション力を育てるなら子のペースで生活する

現代では共働き家庭が主流となっています。そうすると、どうしても幼少期より帰宅後の夜は忙しくなるものです。ゆっくりと絵本の読み聞かせをしたくても、親のペースで慌ただしく、「読めばいい」と流れ作業になっていなかったでしょうか。

このように親が忙しい現代では、親のペースで生活が成り立っていますが、**それまで親のペースに合わせていた子どもが激変するのが中高時代**なのです。

その理由は2つあります。1つ目は、子どもに自我が芽生えて親との一体感がなくなるため、**親のペースに合わせることへの嫌悪感が生まれる**からです。

2つ目は、親のペースで過ごしていると、自分の話をゆっくり聞いてもらった経験が乏しくなりがちなため、コミュニケーション力がうまく育たず、**自分の思いをはっきり伝えることができない傾向が見られる**からです。しかも、これまで受け身でいた分、自分自身がどうしたいのかがわからず、フラストレーションを溜めることにもなってしまい、子どもにとっては八方塞がりに感じられてつらい時期となってしまいます。

本当は、子どもが親の言うことを素直に聞いてくれる幼少期にこそ、子どもの思いをじっくりと聞き、そのうえで、親としての判断を示すのがベストだと思います。

しかし、それに気づいたときには子どもはもう、親のほうを見なくなっています。

もしお子さんが今このような状態だったら、少し戻ってやり直してみてください。

例えば、子どもの答えやすい、日常のささいなことや好きなものの話などを、反応がなくても話しかけたり、問いかけたりを継続していくと、コミュニケーションが徐々に復活してくるはずです。**子どもは見ていないようでも、親のことをよく見ています。**

あなたから話しかけたり、問いかけたりを根気強く続けることで、中高生時代の嵐の時期が過ぎ去った後の、親子関係が変わってきます。子どもとのコミュニケーションがうまくいかなくなったのをきっかけに、欠けていたことに気づき、やり直すことも十分可能だと、私は思っています。ぜひ希望は捨てずにいてください。

我が子の思いにきちんと向き合うことで不登校を防げることもある

一見すると安定しているように見える家庭でも、よくよく聞いてみると困難を抱えているケースがたびたびあります。

だいぶ昔の話ですが、ある生徒（仮にA君とします）の家庭で、今でいう教育虐待が行われていたことがありました。小学生の頃から子どもを机に縛りつけるようにして勉強させ、うたた寝しようものなら頭から水をかけるような状態だったそうです。親としては我が子の将来を思い、良かれと思っての行動だったのでしょうが、A君の自尊心は大きく傷ついたはずです。

中2、3になって体力がついてくると、A君は親に暴力をふるって抵抗するようになりました。**自分の思いを聞いてもらうことのなかった彼なりの、精一杯の表現**だったのでしょう。次第に学校にも気持ちが向かなくなり、A君は不登校になりました。

その後、本人とも保護者とも何度も面談し、高校生になる頃には学校へ戻ることができ、卒業式の後、親子で挨拶しに来てくれたときの晴れやかな表情を、いまだによく覚えています。けれど、前述の家庭内で起きていたことを私たちが知ったのは、A君が卒業してからのことでした。卒業後、学校に遊びに来てくれたA君が、

「先生、実は中学生の頃にこんなことがあったんですよ」

と話してくれたときは言葉がありませんでした。

多くの子どもは親のことを決して悪く言いません。家庭のことにも耳を傾けておかなくてはいけないと痛感した出来事でした。

今、不登校の中高生は全国で27万人。**その原因として圧倒的に多いのは「無気力・不安」**です。明確な原因がわからないまま、不登校に陥っている生徒が多いのですが、その中には、A君のように親との関係に苦しむ子どももいることでしょう。

A君は文字通り全身でぶつかりながら、親とのコミュニケーションを取り戻していきました。親側も、A君の心の叫びに応えていくのは並大抵のことではなかったと察せられます。それでも、親子で修羅場のような時間を乗り越えたのです。

子どもの「苦手」は努力で解決ではなく、「得意」を伸ばすことに力点を置く

人間、誰でも苦手なことがあるものです。たとえ文武両道に見える子どもであっても、苦手なことの1つや2つはあります。本校の生徒も、運動が不得手、手先が不器用、口下手など、いろいろな苦手を抱えています。勉強面でも、「数学は良いが国語が壊滅的にできない」ということが出てきたりします。

このような子どもの苦手な部分を見つけると、すぐにどうやって克服させようか考えてしまうかもしれませんが、少し待ってください。いきなり解決しようとするのではなく、**子どもの状態を受け止める**ことを心がけてほしいのです。

家庭でお願いしたいのは、何よりもまず、心理的な受け止めです。子どもが自分自身を責めることのないよう、前向きな声かけをしてあげてください。ただやみくもに頑張らせても解決につながらないばかりか、親子共に疲弊してしまい、関係性がこじ

れていってしまう恐れがあるためです。

私が長年、生徒たちを見てきて実感することは、**苦手な部分にフォーカスするのではなく、得意な部分を伸ばしてあげる**ことが、その子自身の自己肯定感につながり、自信になっていくということです。これからの時代、**得意な部分を伸ばすことは飛躍の可能性を大いに秘めています**から、学問だけでなく、スポーツでもゲームでも、プログラミングでも、ぜひ思い切りやらせてあげてください。

それでも、子どもの苦手な部分が目に余ると感じられたら、具体的な原因や対応策については、学校に相談することをお勧めします。学校は、授業での様子や提出物、試験結果などから、生徒について多くの情報をもっているので、一緒に対応策を考えていくと解決への筋道が立つはずです。学校から、特別支援を視野に入れた提案がある場合もあります。その場合は、専門機関への相談を検討してみてください。

今は、本人にとって力を発揮しやすい環境を用意する合理性が、学校はもちろん、家庭教育にも求められているのです。

真面目で頑張り屋な男子の悩みは周囲が大人になると解決へ向かう

「進学校に入ったんだから、もっと周りは勉強すると思っていた。こんなことなら別の中学校に行けば良かった」

ある生徒からそう言われたことがあります。

確かに、中学受験を終えて、受験勉強から解放された！　とばかりに、入学後は多くの生徒が思い切り羽を伸ばし始めます。

そんな仲間の様子に違和感を覚えた彼は、真面目な頑張り屋でした。高校を外部受験したいと思い詰める彼に対し、私は具体的に校名を挙げながら、ここはどうだ、こならどうだ、と一緒にシミュレーションしました。そうやって具体的に考えてみると、どうやら外部受験したところで状況は変わらないかもしれない、ということが生徒にもわかってきます。結局のところ、その生徒は納得をして、そのまま高校にも在学し、高校からは以前と打って変わって勉強し始めた仲間たちと打ち解けて、笑顔で卒業していきました。

このような真面目な生徒は、特に中学校では周囲からどうしても浮きがちです。そこで子どもだけでなく、保護者の方も悩まれるケースはしばしば見受けられます。

しかし、高校生ともなると周りも精神的に大人になってきます。たとえ今が生きにくいと思ったとしても、**人や環境は変化していくもの**です。特に心身ともに成長途中にある中高6年間の変化の幅は大きく、自分の置かれている立ち位置が一変することも起こり得ます。

少し辛抱が必要かもしれませんが、6年の間で楽に生きられるようになる時期が来るものです。すぐに環境を変えるという選択をする前に、**「待つ」ということを1つの選択肢**とすることも、中高6年間では有効であることをぜひ頭の片隅に入れておいてください。

子どもへの期待値は少し下げるくらいがちょうどいい

中学入学後、初めての定期テストの結果が出ると、
「あれ、こんなに成績が悪いの？」
と親子で驚くのは、本校ではよくある光景です。

本校の生徒は、小学校時代に「できる子」だったタイプが多いのですが、そのような集団の中で良い成績をキープするのは大変なことです。このぐらいの成績は取れるはずだという親の期待に応えられる生徒は、そう多くありません。

これが、それまで親の期待に応えてきた子どもにとってはショックなことなのです。期待に応えようとしても果たせず、行き詰まってしまう子どもも出てきます。特に、これまで親に反発したことのないようなおとなしい子どもの場合は、期待のかけ方に

気をつける必要があります。かといって、親は子どものやることに期待しないほうがいいのかというと、それもまた違います。**親の期待があるから頑張れるという一面もある**からです。

本人のやる気が出る程度には期待をかけつつも、プレッシャーになるほどには期待をかけすぎないバランスが大切です。

匙加減が難しいのですが、もしかすると、**職場で後輩や部下と仕事をするときのことを思い返す**とわかりやすいかもしれません。後輩や部下に対してならば、やる気を引き出し、のびのびと仕事に取り組めるような配慮ができているのではないでしょうか。実際、組織をまとめるようなポジションにいる保護者の方ほど、このあたりのバランス感覚に優れていることが多いと感じています。

なお、親の期待というのは、子どもの実態よりもどうしても大きくなりがちです。期待のかけ方のバランスに悩んだら、**少しだけ期待値を下げて子どもと接する**のがおすすめです。

自己肯定感を高めるには本人が目標設定した体験が必須

日本の子どもの自己肯定感が、諸外国と比較して低いことが、国際的な調査※で明らかになってからだいぶ経ちます。近年の調査によると、少しずつ改善が見られるようですが、親としては気になるものです。

自分の長所も短所もまるごと肯定し、**「自分は何があっても大丈夫だ」と思える自己肯定感を育むことは、社会の変化が激しく、価値観が多様化している現代においては特に重要**です。なぜなら、これからの時代を生き抜くために必要な変容する力や立ち直る力に直結していくからです。

自己肯定感を育むためには、**大小の成功体験の積み重ねがとても重要**だと私は思っています。しかし、成功体験の中にも、自己肯定感につながる体験と、そうでないものが実はあります。

自己肯定感につながるのは、子ども自身が目標設定をした体験です。自分でやってみたいと思って挑戦するからこそ、達成したときに自己肯定感が育まれるのです。

ところが、親が目標を立ててしまうと、その目標を達成したとしても、喜びを感じるよりも、出された課題をクリアした安堵感が上回ってしまいます。そうした安堵感は、失敗を過度に恐れる気持ちにつながり、子どもはどんどん親の顔色を窺うようになってしまうでしょう。

始めは子どもの目標だったのが、いつのまにか親の目標にすり替わっているということもよくあります。例えば、子どもがあの学校に入りたいと頑張っているうちに、親のほうが熱が入ってしまい、子ども以上にこだわる、というようなことです。

かわいい子どもの夢を叶えてやりたい親心はよくわかるのですが、夢も、夢を叶えるまでの体験も、その子のものですから、奪ってはいけません。

子どもの夢や目標に対しては、大人は一歩引いて見守り、必要に応じて手を貸してやるぐらいがちょうど良いのです。

※平成25年度「我が国と諸外国の若者の意識に関する調査」(内閣府)

子育ては自分の人生を主体的に生きる親の姿を見せること

子どもの勉強や受験に対して、親が子ども以上に熱中してしまう傾向が、近年より強まっているのではないかと感じることがあります。我が子の成績や受験の結果をSNS上で公開する親まで出てくる時代です。子どもに頑張らせる動機が、親の見栄のためにすり替わっているのではないかと思わざるを得ないこともあります。

今の親世代の人生は、戦いの連続だったといえるでしょう。受験戦争を勝ち抜いて偏差値の高い大学に入り、就職戦線を勝ち抜いて高収入の仕事に就き、婚活にも勝ち抜いて安定した家庭を築き……と、これまでの人生で戦い続けてきた人ほど、気づかないうちに、**我が子を自分の戦いの道具にしてしまいがち**なのではないでしょうか。

もし、我が子が試験で悪い成績を取ってきたときに、恥ずかしいと思ってしまったら危険信号です。子どもの成果と自分の成果の境界が曖昧になってきているかもしれません。

もちろん、子どもを導く立場として、努力を促すことはあって良いのですが、それでも、子どもの人生は子どものものです。**親の言葉を聞いてどうするかは、結局のところ本人次第**なのです。将来、

「あのとき、もっと勉強しておけば良かったなあ」

と子どもが思うかもしれませんが、それはそれで良いのです。

選択には責任がつきものです。責任とは選んだことの結果を自分できちんと受け止めるということであり、それが、主体的に生きるということでもあります。

そのように主体的に生きるからこそ、人生が充実した、かけがえのないものになるのです。**親の見栄のために生きる限り、子どもは充実感が得られない**でしょう。

子どもを自分の見栄の道具にしているのではないかと気づいたときには、自分自身のことに気持ちを向けてみることをおすすめします。できれば、戦いではなく、自分が楽しいと思うことや、幸せを感じられることが良いと思います。

そうやって、自分の人生を主体的に生きる親の姿を、子どもはよく見ています。

本当に困ったときに頼られる親は普段から他愛もない話をしている

中高時代に、恋愛や交際を初めて体験する子どももいます。初めて出会う感情に戸惑いながらも、これまでぼんやりと見聞きしていた**小説や詩、ポップスの歌詞の一節が心に響くようになった**というような体験は、皆さんもどこかで経験したことがあるのではないでしょうか。

子どもがスマートフォンを持つ現代は、我が子の交友関係が見えにくいものですが、恋愛や交際は別物。特に母親からすると一目瞭然のようです。これまで寝ぐせのまま学校へ行っていた子どもが、髪型や身だしなみに気を遣い、休日に行き先を告げずに出かけるようになったりと、中高生男子は案外わかりやすいところがあります。

しかし、子どもが恋愛について思い悩むことがあったとしても、親は相談相手になりません。子どもが親に相談するのは、よほどのっぴきならない場合だけでしょう。

子どもから聞き出すことも、他のこと以上に難しいものです。親の側からすると、手を出しにくい鬼門ともいえるかもしれません。

親にできることは、**「何かあったときに話したい」と思われる関係でいる**ことです。

子どもが興味をもっていることを、くだらないことだと決めつけ、

「それもいいけれど、少しは勉強しなさい」

などと言ってしまっては、子どもは何かあったときにあなたに打ち明けようとはしないでしょう。友達に心を開いて話せるのは、**お互いにどうでもいいような話も共有してきた時間の積み重ね**があるからです。普段ろくに話もしないのに、聞きたいときだけ話を聞こう、こちらの言うことを聞いてもらおうというのは土台無理な話です。一朝一夕にはいきませんが、普段から他愛のない話をし合える関係性を育んでおきたいものです。

この時期の子どもの恋愛については、遠くから見守りながら、何かあったときに話しやすい親でいることが最善策なのだと、私は考えています。

「母子カプセル」化を防ぐには自分の世界をもつことが重要

10年くらい前から、卒業式の際に、以前にはなかった光景を見ることが増えてきました。お母さんがスマートフォンを出して我が子の写真をパシャパシャと撮り、子どものほうもそれを嫌がる素振りも見せず、友達と一緒にニコニコして写っているのです。あの光景を見るたびに、親子の仲が、昔とはだいぶ違ってきていることを感じさせられます。もしかすると、子どもとしては、世話になった親への「ファンサービス」のような気持ちもあるのかもしれませんが……。

こうした親子の結びつきの強さに始めの頃は驚いていましたが、海外の10代の在り方を知るにつれて、私の考えも変わってきました。

例えば、アメリカでは小学生の登下校や習いごとの行き帰りには必ず大人が付き添います。高校生になっても、例えば**大学のキャンパスツアーには親子で参加するのが**

一般的です。海外では意外と親子が密着しているのです。

その代わり、成人を迎えると一気に独立させるのが、海外の特徴のようです。

日本では親の過保護が取り沙汰されていますが、グローバルな視点で考えてみると、**日本の親が取り立てて過保護だとは言い切れない**と、最近は考えています。

しかし、行きすぎて、母子が一体となって他を遮断するような「母子カプセル」になると、子どもの自立を妨げてしまいます。多忙な夫の代わりに、息子をまるで恋人のように扱い、あれこれ世話を焼いてしまうと、子どもは**居心地がいいカプセルの中からいつまでも出ようとはしない**でしょう。

母子カプセル化防止の策として、私はもっと自分の時間をもつことをおすすめしています。子どもが中高生ともなれば、部活などで家を空ける日も増えるでしょう。いない時間を有効に使い、夫婦で出かけるもよし、1人で美術館巡りをしたり、友人と出かけたりするもよし、自分時間を楽しんではいかがでしょうか。自分自身も満たされると、子どもとの関係も良い方向に転んでいくはずです。

とても繊細な中高生男子の心を開けるのは「待つ」姿勢のみ

「昨日はニコニコと楽しそうに話をしていたのに、今日は仏頂面で、こちらが話しかけてもうんともすんとも言わない。いったいどうなっているの？」

そんな保護者の声をよく聞きます。気分だけでなく、言うこともちょくちょく変わるので、日々付き合う親としては大変です。彼らとしても、もちろんわざとやっているわけではありません。体と同様、心も急成長する時期ですから、日々考えていることや物事の感じ方がどんどん変化しています。また、自我を確立する途上にありますから、**ちょっとした周囲の言動にも傷つきやすく、とても繊細**です。

そんな中高生男子は相当な天邪鬼といえます。周囲に反発して1人になりたがるような素振りを見せていたとしても、実際の心の中は孤独なことが大半です。

そんな彼らに対して、無理に本音を聞き出そうとしたり、出てきた言葉を否定したりすることがないよう気をつけてください。本人が言わないことについてはそっとしておく配慮をもってあげると良いでしょう。

この時期の子どもと向き合うには、**とにかく「待つ」姿勢が大切**です。とはいえ、これだけ忙しい現代にあって、待つことは至難の業かもしれませんが……。

親が心の余裕をもつための処方箋として、私がおすすめしたいのは、ご自身の教養を高めることです。芸術などに触れ、自分だけの楽しめる世界をもつことで心に余裕が生まれます。

もう1つは、**「足るを知る」こと**です。我が子にこうあってほしいという願いには際限がないかと思います。

「欲を言えばいろいろあるけれど、うちの子はよくやっているよ」

と思えるぐらいのほうが、何かとうまくいくものです。

天邪鬼の彼らも、あと数年すれば見違えるような青年になって巣立っていきます。その日までの時間は意外とあっという間です。ぜひ大切に味わっていただきたいと思います。

ここが良かった

▶卒業生からの メッセージ vol. 2

42期（2005年卒業）｜ **石村尚也**さん・**久保田瞬**さん

PROFILE

東京大学経済学部卒業後、複数の企業でデジタル戦略やスタートアップ投資に携わる（石村）。慶應義塾大学法学部卒業後、環境省を経て、株式会社Mogura創業（久保田）。共著に『メタバース未来戦略　現実と仮想世界が融け合うビジネスの羅針盤』（日経BP／2022年）がある。

周りを気にせず好きなことに没頭、ビジネスを共にする仲間に

違うクラスだったものの、共通のゲームが好きだということから仲良くなり、一緒によくゲームをしていました。受験一本ではなく多様な活動が許容される環境で、**同調圧力やつまらないいざこざもなく、やりたいことを否定されることもない6年間**を過ごせたという没頭体験は、今思えばとても貴重だったと思います。

先生方にも、大学受験対策の勉強だけでなく、**純粋な好奇心から学問の本質的な部分に触れる機会**をたくさんいただきました。今、XRやメタバースをいかに世の中に広げるかをテーマとして、2人で一緒にさまざまな事業に取り組んでいます。大学も就職先も別でしたが、中学から20年以上の交流が続いており、2人で本気で没頭したゲームで、役割分担や協力をする経験を通じてお互いをよく知れているということは、今、2人で会社経営をするうえでもプラスに働いています。

Chapter 03

学校での思考する力・変容する力・立ち直る力を育む取組み

Check point

- ✓ 美や教養に触れる
- ✓ 仲間と取り組む
- ✓ 興味をもったことに挑戦する

学校の意義は主体的な学びを提供すること

家庭が心の礎をつくる場所ならば、学校でこそできる学びとは何でしょうか。

各教科の知識やスキルももちろん大切ですが、学校という場の最も大きな意義は、**生徒自身が問いを立てて課題を解決していく主体的な学びを通じて、思考する力や変容する力、立ち直る力を育てること**だと、私は考えています。

主体的に思考する力を育てるには、**生徒一人ひとりがリーダーシップをとれるよう、さまざまな機会をつくる**ことが必要です。生徒がリーダーシップを発揮する機会として本校が重視しているのが、「聖光祭（学園祭）」です。

聖光祭は生徒による自主運営で開催されます。実行委員会から出展団体まで大小さまざまなチームが、それぞれ半年から1年近くかけて、全体計画はもちろんのこと、壁に貼るポスター1枚をどうするかというような細かい内容まで、1つずつ検討し、決定し、具体的な形にしていくのです。これはまさに主体的な思考の連続です。

「どうしたらお客さんが喜んでくれるか」

「そのためにはどんなリソースが必要か」

といった自発的な問いの下、生徒は、自分の持ち場で解決すべき課題をどんどん見つけ、仲間と共に、夢中になって解いていきます。

もちろん通常の授業でも探究学習を取り入れていますが、聖光祭にはかなわないというのが正直な気持ちです。やはり、教員がリードし、教科の制約もある中では、**本当の意味で生徒が夢中になる問い**はなかなか生まれにくいものです。

聖光祭は、毎年のべ2万人以上のお客さんが来場する、本校最大のイベントです。社会に向かって開かれたものであり、聖光祭を通して、**実際に人やモノが動くリアリティ**が味わえます。だからこそ、生徒にとっても解きがいのある、切実な問いが次々に生まれてくるのです。

聖光祭のようにリアリティのある環境でのびのびと主体的に活動する体験は、これからの学校教育のベースに必須だと考えています。

知識の詰め込みから、知的好奇心を刺激する授業へシフト

本校は、進学校としての要請に応えつつ、リベラルアーツや生徒の主体的な学びを重視していますが、その歴史を振り返ると「管理型」と呼ばれる時期がありました。私が聖光学院に社会科教諭として奉職した頃のことです。

ちょうど、学校が経営面で揺れていた時期でした。学校内部が不安定になると、生徒は学校への不信感が募ります。すると、生徒に対する学校の対応は自然と管理的になっていきます。本校の場合は、中高一貫校でありながら、中学と高校を分断し、学習指導よりも生活指導を最優先する時期が10年ほど続きました。

着任したばかりの私は、生徒として良き時間を過ごした母校の変化に複雑な思いを抱きながら生徒の指導に当たっていたのですが、その時期、進学実績は今ひとつふる

いませんでした。
私が思うに、教員主導の決定事項ばかりで生徒が主体的に学べる余地をもたない**管理的な在り方は、生徒を萎縮させてしまいます**。また、教員の側も落ち着いて授業の準備などできる雰囲気ではありませんから、どうしても、知識の詰め込みを主とするような、知的好奇心を刺激しない授業になっていたのです。

本校が管理型の進学校として停滞していた10年間を、私は「失われた10年」と呼んでいます。**生徒が思い切り力を発揮するためには、安心してのびのびと学べる環境が必要**であり、それを支える教職員の安定が必須なのだと、私は失われた10年を通じて学びました。

このときの経験は、今の私の学校運営にも活かされています。私学の校長の重要な役割は、生徒に対してだけでなく、**「ここにいれば安心して生徒に向き合える」と教職員に思ってもらえるよう、働きやすい環境を整え、学校運営を安定させる**ことだと、肝に銘じています。

リベラルアーツに注目したのは、「学びの天井」をつくらないため

教員主導の管理型教育から、生徒の主体的な学びを保証する次世代型の教育へ。そう考えて始めたのが、2002年から続く「聖光塾」です。

聖光塾は、中1から高2までの生徒が、長期休業期間を中心に1日〜数日間かけて行う、任意参加の講座です。「塾」といっても補習のための講座ではなく、リベラルアーツ、いわゆる一般教養を身に付けることを目的としています。

2024年度に実施した講座を挙げると、横浜市内の里山に分け入り、五感をフルに使って自然観察を行う「里山の自然」、プロのドローンクリエイターから学ぶ「ドローンで作る映像表現」、鹿島槍ヶ岳の大自然で魚と格闘する「フライフィッシング」など、本当に多種多様です。外部講師を招くことで、学校だけではできない体験を提供することができています。

実施に当たっては、可能な限り開講数を増やし、多彩な内容となるよう工夫しています。それは、生徒に**学びの天井をつくらないことが大切だと考えているから**です。何に好奇心が刺激されるのかは、生徒によって異なります。ですから、できるだけ多くの選択肢を用意して、生徒が**自分のアンテナに引っかかるものに出会い、自分の興味・関心を広げていけるように図っていきたい**と考えています。

好奇心が刺激されることで、後に続く学習やさまざまな活動に対する意欲を引き出すことができます。また、義務感から勉強するのではなく、**興味や関心をもち、面白そうだ、やってみたいと思える範囲が広がっていく効果がある**のです。

例えば、サイクリングの講座に参加して鎌倉の街を一日自転車で回ったのをきっかけに、地図や地形に興味をもち、地理の学習に関心を深めていく生徒もいます。その子なりに興味関心を広げているうちに、教科学習と接続する部分が出てくることは少なくありません。リベラルアーツの力は、彼らが後に経験する大学受験や、その先の学びにも活きてくるのです。

「選択芸術講座」で文化的に成熟した個人を育てる

聖光塾と同じ2002年から続けているのが、中2全員を対象に、さまざまなアート表現を学ぶ「選択芸術講座」です。通常の音楽や美術の授業とは別に、陶芸、木工、演劇、バイオリン、クラシックギター、声楽、変わったところではパイプオルガンなどの中から自分が興味をもった表現を選択し、専門家の下で1年かけて表現の基礎を学び、学年の終わりには発表会を開きます。

本校の生徒は、小学校時代、音楽や図工が得意だった子ばかりではありません。しかし、**仲間と1年かけて楽しみながら表現力を身に付け**、本番の舞台や作品展では努力の跡が見える立派な作品を見せてくれます。

週1回、2時間ずつの講座ですから、プロフェッショナルの養成が目的ではありません。選択芸術講座の目的は、**国際人として、普遍的な美に関する感性や表現力を養**

うこと。鑑賞から創作、演奏へと一歩踏み込むことで、グローバルな現代を生きる彼らに、言語によらない自己表現力を身に付けてほしいのです。

聖光塾は任意参加の講座ですが、選択芸術講座は正課の授業です。カリキュラムが他の教科で目一杯の中でも、あえて芸術科目に重きを置いているのです。

進学校にもかかわらず芸術に注目するのは、**人間的な成長のためには「文化的な成熟」が必要**だとの強い思いからです。その原点は、私の中学校時代に遡ります。

私は当時小説や詩を書くのが好きで、仲間との同人誌制作に熱中していました。また、先生方が芸術鑑賞委員会という組織をつくり、昼休みにクラシックのレコードコンサートを開いたり、休日には上野で開催されていたドラクロワ展に連れて行ってくれたりしました。私が生徒だった頃の聖光学院には、そうした文化的な雰囲気がありました。芸術に触れるときの心が震えるような喜びは、つらいことがあったときに心を慰め、また前を向かせてくれる支えとなりました。

自分自身の体験からも、生徒の姿からも、人間的な成長のためには文化的な成熟が必要なのだと確信しています。

リベラルアーツでしなやかに変容する力を培う

世界がますます先行き不透明になる中で、良かれと思って行った選択の先に思いもよらない困難が待っている可能性が、昔に比べるとはるかに高まっています。

そんな時代に、失敗しない鉄板の成功法則はもはや存在しません。これからを生きる子どもたちには、**状況に適応して臨機応変に変容していくしなやかさや、変容を支える多様な価値観**が必要です。

本校が比較的早期に注目してきたのが、リベラルアーツを通じて育まれる非認知能力です。

非認知能力とは、自己肯定感・自己効力感、意欲をもって集中して取り組む力、自分の気持ちをコントロールする自制力や忍耐力、他者と協力できる社会的能力やコミュニケーション力といった、数値化されない能力を指します。社会の変化に応じ、粘り強くしなやかに生きるためには、知識や思考のように数値化できる認知能力と、非認知能力をバランス良く育むことが重要です。

また、**リベラルアーツを通じて、価値観の多様さを学べる**点も見逃せません。

私自身も、中高時代の芸術体験がきっかけで、有名大学進学、立身出世一辺倒の考え方と距離を置くようになった経験があります。

聖光塾に参加して、いきいきと語る講師の姿に触れ、

「いろいろな生き方があるな」

と感じるだけでもいいのです。

自分が今まで知らなかった面白い世界があり、そこに喜びを感じている人がいることを知れば、人生の選択肢は自ずと広がっていきます。

「この道に進もうと思うけれど、だめだったらこの道もある」

そんなふうに思えることは、**一筋縄ではいかない人生を生きるための、最大の強みになる**はずです。

多様な体験の場を創出し、全生徒が主体性を発揮できる仕組みに

意欲や社会性といった非認知能力を育むために重要なのは、机上のインプットではなく、五感をフルに使い、手足を動かして得る体験的な学びです。

体験的な学びの多くは、これまで「習いごと」として家庭教育の範疇とされてきました。しかしそれだと、家庭の在り方によって、学びを得られる子とそうでない子の「体験格差」が出てしまいます。

学校は本来、体験格差を埋める機能をもっています。小学校に水泳学習があることで、日本の子どもはスイミングスクールに通わずとも泳ぐ基礎ができるわけです。

本校も、できる限り多様な体験を用意して、生徒の間に体験格差をつくらないように努めています。すでに触れた聖光祭、聖光塾、選択芸術講座だけではありません。生徒会、部活動や同好会、研修旅行など、**多様な体験を通して、どんな生徒でも主体**

的な学びが可能となるように図っています。

人を動かすのが得意ならば、生徒会に入って組織をまとめ、絵画が得意ならば、イベントの大看板をデザインして仲間と共に描き上げる。旅行好きならば、旅行委員に立候補して旅程を企画する、といった具合です。

全校生徒1350人分のステージを用意したいと、常々思っています。

もし、校内でやりたいことが見つからなければ、校外に飛び出しても良いと思います。学校に縛りつけることで、生徒の豊かな才能を伸ばす機会を失わせ、学びの天井をつくってしまうのはもったいないことです。

幸いなことに、今の時代は、中高生を対象とした外部プログラムがとても充実しており、その道のプロが提供する内容を、お金をかけずに受けられるものもあります。

本校も、そうした取組みにチャレンジする生徒をバックアップしていますが、学校を飛び出して意欲的に活動する姿は頼もしいものです。

これからの「体験」は、学校だけに頼らず、自ら取りに行く必要が出てくるのかもしれません。

「抽象的な思考力」と「具体的なアウトプット力」をリベラルアーツで形成

リベラルアーツを重視した取組みが定着するにつれて、本校では、東京大学を始めとする難関大学への進学率が上がってきています。そこに因果関係があるのかどうかはわかりませんが、長年生徒と関わってきた中で、**読書量が多い生徒や、音楽に造詣が深い生徒は、高校2、3年生になると成績が伸びる**印象があります。

大学が求めている学力について考えると、その謎が理解できるように思います。

例えば、東京大学の2023年の入学試験（英語）では、「今から30年後、移動の手段はどうなっていると考えるか」と問う問題が出題されました。こうした問題に対応するには、**日頃から世の中の動きに関心をもつ知的好奇心や、ものごとを抽象的に深く考え、具体的にアウトプットする力が必要**です。そして、そうした力はまさに、これからの時代が必要とする真の学力なのです。

芸術や文学に触れることで、人は、世界の美しさや尊さ、人の喜びや悲しみなど、形のない価値を感じ取ります。そして、感じ取った価値に対し、自分なりに言葉を与えて表現しようとします。こうした体験の積み重ねが、**抽象的な思考力と、具体的なアウトプット力を育む**のだと私は考えています。

こうした力を育むには、感性がみずみずしいうちに本物に触れる体験が必要です。

私は、学校説明会でよく三好達治の詩を引用します。

蟻が／蝶の羽をひいて行く／ああ／ヨットのやうだ

この詩に表現されているのは、子どもが本来もっている感性です。逆を言えば、子どもには詩人の感性がある、ということになります。人生でいちばん感性が豊かなのは、13歳から15歳までだと、私は感じています。詩人の感性をもつうちに、子どもには普遍的な本物の美にたくさん触れさせたいものです。

非認知能力が育つと立ち直る力が自ずとついてくる

新卒採用、終身雇用の時代は遠く過ぎ去り、特に若い世代の間では、転職が当たり前のものになっています。また近年は、少ない資本でも起業できるようになったり、クラウドファンディングなどの資金調達手段も増えてきたりと、自分で新しいことを始めたい人にとっては、とてもチャレンジしやすい時代になりました。

従来の一本道の人生設計では、どこかでいちどつまずいてしまったが最後、なかなか立ち直ることが難しい面がありました。

しかし今は、**失敗しても立ち直って他の道を選べる、複線型の人生設計**が可能になってきています。たとえ会社が潰れたって、もういちどやり直せるのです。失敗を必要以上に恐れて停滞してしまうよりは、むしろ、**どんどん挑戦したほうが生きやすい**時代だといえるでしょう。昔に比べると、良い時代になったとつくづく思います。

複線型の人生を充実して生きるためには、困難にも折れない自己肯定感や自制心、夢の実現に対する集中力、他者と共に生きるためのコミュニケーション力といった、非認知能力が重要です。今は、英会話やプログラミングのような社会に役立つスキル学習が盛んです。もちろんそれも必要ですが、こうした非認知能力をいかに育んでいくかについても、同時に考えていく必要があるでしょう。

非認知能力が最も育つのは、感性の豊かな「詩人の時代」です。感性に加えて抽象的な思考が育ってくる**中2、3の頃は、非認知能力が育つ最後のボーナスタイム**といえるかもしれません。特に、たくさんの仲間がいて、さまざまな体験ができる学校という場所は、非認知能力を育むうえで重要な役割を果たしています。

非認知能力が本当に活きてくるのは、主に、社会人として自分の人生を歩き始めてからです。仮に、大学進学に照準を定めて詰め込み学習を行ったとしても、子どもとしてはその先の人生のほうがよほど長いのです。

これからの中高生に対しては、認知能力と非認知能力の双方をバランス良く育んでいく教育がますます必要になってくると、私は確信しています。

中学3年間の基礎学力があってこそ、抽象的な思考が可能になる

中高6年間の生徒の成長を追い続けていると、**中学生の間にある程度の勉強習慣がついている生徒は、高2、3になると成績が伸びる**傾向があります。

情報を総合的にまとめて抽象的に考える思考力も、基礎となる知識があってこそ。子どもが中学生のうちは、やはり、英単語や漢字を覚えたり、方程式を使って問題を解いたりするような、**基礎を鍛える勉強習慣を手放さない**ことが重要なのです。

本校でも以前、テストで子どもたちに順位をつけるようなやり方を再考し、もっと学習を生徒の主体性に任せるべきではないかとの声が上がり、2期制にしてテストの回数を減らしたことがあります。

しかし、これは見事に失敗しました。学力以上に、生徒が無気力になったり、生活が乱れたりするといった影響が出てしまったのです。

大多数の子どもにとって、自らの目標を定め、自律的に学習に向かうことができるようになるのは、やはり高校生になってから。宿題もない、テストもないとなれば、中学生のうちはどうしても遊びに夢中になってしまいがちです。

中学校時代にある程度の勉強習慣が身に付いた生徒は、まず、机に向かうことが苦になりません。また、自分に合った勉強の仕方がもうわかっているので、効率的な勉強ができます。そして、大きなメリットとしては、基礎的な知識を自分のものにしている点です。どれも、一朝一夕に身に付くものではありません。

そうした**基礎があるからこそ、高校生になって、抽象的な思考を要する学習が可能**になるのです。

高校生になると、わからない部分を教員に質問したり、自分の解答を添削してほしいと頼んだりする姿があちこちで見られるようになります。

進学校としての本校の強みは、難度の高い質問に応えられる教員が揃っていることです。多くの教員が丁寧に、時間をかけて対応しています。本校の学びを支えているのは、こうした日々の地道な積み重ねなのです。

いろいろなことに挑戦し、視野を広げるのは中高6年のうちに

日本の学校では、１つのことに努力し続けることが美徳とされる風潮があります。特に部活動においては、最初に選んだ部活を続けることが重視されがちですが、それが必ずしもすべての生徒にとって最適な選択であるとは限りません。

例えば、小学校で野球をしていた経験から、中学校で野球部に入部する生徒も少なくありません。しかし、中学生活を送る中で、新たな興味ややりたいことが生まれることもあります。また、練習を重ねる中で、野球への情熱が少しずつ薄れていくことも自然なことです。

部活動は、挑戦の場であり、成長の場でもあります。そのため、自分の興味や適性に合わないと感じた場合は、思い切って新しい道に挑戦することも必要です。最初に選んだものを続けることも立派な価値観ですが、**自分の変化に柔軟に対応す**

ることもまた、人生を豊かにするための大切な選択です。

そんな思いもあり、本校では部活動の兼部や転部を自由にしています。**一度始めたことを、中途半端に放り出しても良い**のです。気になったことをあれこれ試してみるうちに、いつしか自分が心からのめり込めるものが見つかる日を、じっくり待てば良いのだと考えています。

学習の場合は、将来の進路と関わる分、さらにシビアに考えるべきでしょう。勉強がとことん苦手な子どもに根性論で大学進学を頑張らせるよりも、その子の能力を活かせる道は、他にいくらでもあるものです。

例えば、国語や数学が苦手だけれど、英語が得意であるならば、海外の大学への進学を視野に入れることもできますし、音楽が得意で演奏家になりたいと考えているならば、音大や専門学校への進学もあり得ます。得意なことにフォーカスし、その子にとって最善の道を目指せば良いのです。子どもの将来を考え、責任をもって相応な判断をすることも、子どもの周りにいる親や教員の大切な役割です。

学ぶ意欲を引き出すにはプロフェッショナルの力を借りる

子どもの好奇心を刺激し、学ぶ意欲を高めるために、外部人材を活用する学校が増えています。本校も、聖光塾を始めとして、さまざまな場面で外部からその道のプロフェッショナルを招き、授業を行っています。

つい先日は、クックパッド株式会社の方に講師として来校いただき、家庭科の授業を行いました。

「創造力」をテーマに、中3生が、レシピなしでのスパイスカレーづくりに挑戦。試行錯誤の末にでき上がったカレーは、誰一人として同じものがない、個性豊かな味わいでした。互いに試食して感想を言い合い、うまくいかなかった部分について、

「どうすればいいんだろう」

とやる気に火がついた様子の生徒が何人もいました。

また、高1の現代社会の授業では、**さまざまな分野の第一線で活躍する方を講師として招き、講演していただく機会**をつくっています。起業家や研究者、テレビのディレクター、国際通貨基金の所長など、多彩な顔ぶれの講師が、毎週土曜に2時間ずつ、ご自身の専門分野について語ってくださいます。

こうした授業を成立させるためには、教員の側にも新たな能力が必要です。場をファシリテートする力、外部講師の提案を受け入れる柔軟さに加え、中でも重要なのは、**生徒と共に未知の学びを楽しむ好奇心**です。そうした教員の姿から、生徒が受け取ることも実に多いのだと思います。

外部人材を活用することの良さは、**学校の中にいるだけでは巡り会う機会のないプロフェッショナルと出会い、その生きざまに触れることができる点**にあります。実際に、外部講師との出会いがきっかけで、自分の将来について夢を描くようになる生徒も多くいます。

外部講師がもたらす「外の風」は、生徒の新たな興味関心を引き出すきっかけになっていると感じています。

留年制度を廃止し、安心して学べる環境をつくる

20年間、校長としてさまざまな学校改革に取り組んできましたが、中でも**一番の改革は、原級留置、いわゆる留年をやめたこと**です。

きっかけは不登校への対応でした。欠席日数を数え、落第がちらつく不安な状態ではどんな対応をしても大した効果はありません。それよりは、進級させることで本人にも保護者にも安心してもらうことが重要だと考えたのです。

学校という場所は「毅然たる」という言葉が好きですから、当然反発もありました。私は、**いちどは引き受けた生徒なのだから長い目で見ていきたい**と話し、不登校の原級留置をやめました。そして、不登校の生徒が自分のペースで学習できるようにと、神奈川私学修学支援センターの設立に動き始めたのです。

その後には、成績不振者の原級留置もやめてしまいました。成績不振者には「あす

なろ講座」という、ＯＢが先生役を務める補習授業を行っています。

　進級できるという安心感があれば、生徒も焦ることなくさまざまなことを考えられますし、親の側にもゆとりが生まれます。そうした**安心感がないと、学業も手に付かず、この社会を生き抜くために必要な知性や感性も育たない**と思うのです。

　中高時代に不登校だった生徒とは、卒業後も関係が続くことが意外と多くあります。社会人として活躍している姿を見るにつけ、長い目で見ると違ってくるものだと実感しています。

　学校によっては、不登校の生徒を進級させるかどうかを職員会議で2時間も3時間もかけて決めるのだそうですが、果たしてそれは、何のための時間なのでしょうか。ルールだから、他の生徒に示しが付かないからというような縛られたやり方で、生徒は本当に育つのでしょうか。

　学校は、生徒の将来の道を閉ざす存在であってはなりません。建て前はいったん傍に置き、本当に生徒に必要なことについて柔軟に考えていくことが、学校の役割なのですから。

さまざまな出会いを用意し、見守ることが教育の使命

私は、誰もが何かの使命をもって生まれていると考えています。人間の使命について、哲学者の森信三氏による次の例え話があります（『現代の覚者たち』致知出版社より）。

「神様は、子どもが生まれるときに、一通の封書を手渡してくださる。その封書には、自分の使命が書かれている」

というものです。

その封書を開くのはいつになるのか、誰にもわかりません。若いうちに開く人もいれば、50歳、60歳になってから開く人もいます。

しかし、**いつか必ず、その封書を開いて読むときがやってくる**のです。

そして、その時期が来ると、人は自然と、

「ああ、このことだったのか」

と気づき、自分の使命を生き始めるのだと、私は確信しています。

そう思うと、我が子が今、少しぐらい成績がふるわなかったり、親に反抗的な態度をとったりすることなど大したことではないと思えてきませんか。そして、子どもの使命を信じ、封書が開かれる日を楽しみに待てるような気持ちになりはしないでしょうか。子どもを育てるとは本来このぐらい息の長い話なのだと、この例え話は教えてくれるような気がします。また、うまくいかないときにも、子どもの資質を疑うのではなく、自分自身の在り方を振り返る謙虚さを与えてくれるようにも思います。**できる限りのことをしつつ、その結果についてはゆっくり長い目で見るべきなのだ**ということを、私はこの話を思い出すたび、心に念じています。

生徒がその封書を開くのは、多くが学校を卒業した後のことでしょう。仕事を始めた後にも、何者でもない自分に苦しむ日々は続くかもしれません。

教育の使命は、子どもたちが封書を開くきっかけをつくることです。いつか来るその日のために、さまざまな出会いを用意し、長い目で見守ることが、私たちにできることなのだと考え、日々の教育に当たっています。

次世代型教育で「個の独立」と「群の創造」の力を磨く

ＶＵＣＡ時代を迎えた今、**次世代型の教育は「個の独立」と「群の創造」の双方を満たす方向になっていく**と、私は考えています。

まず、氾濫する情報に流されることのない独自の視点をもち、自分の頭で考えて主体的に行動できる「個の独立」が必要です。

また、現代は、社会課題が高度に複雑化し、それに対応する社会の在り方も専門化していることから、チームによる課題解決が主流になっています。そのためには、「群の創造」ができる力が必要なのです。

学校教育の世界も、**突出した才能をもつ個人よりも、チームをつくって動ける人間を育てる方向**に舵を切りつつあります。

独立した個性をもち、他者とコラボレーションする力を育むために必要なのが、感性の豊かな中高時代に、仲間と力を合わせて1つのものをつくりあげる体験です。

本校でいうと、学園祭や体育祭などがそれに当たります。

もちろん、始めのうちは失敗だらけです。そもそも中高生男子はプライドが高く、自分の能力にそれなりの自信もあるので、一人で抱え込んでものごとを推し進めてしまいがちです。

しかしすぐに、自分の頭の中では完璧だったはずの計画が、実際に手を動かしてみると全くうまくいかないことに気づきます。そして、そのことに周囲も気づき始め、やがてどちらともなく声をかけて、一緒に計画を見直したり、手を動かしたりし始めます。そんなふうにして、不器用ながらもコラボレーションが始まっていくのです。

こうした体験が、ネットワークをつくるトレーニングになり、**組織の中で自分がどのように参加していくのかを学ぶ機会**になっていきます。それは、机上の学習では得られない貴重な学びです。家庭とも予備校とも違う学校教育の意義が、ここに宿っているのです。

ここが良かった

▶ 卒業生からのメッセージ vol.3

59期（2022年卒業） | **新地涼介**さん

PROFILE

東京大学工学部3年生。聖光学院在学中の英語劇との出会いをきっかけに、大学でも演劇サークルに参加。現在は自ら劇団を立ち上げて活動中。地域の在り方や街づくりに関心をもち、農業サークルにも参加。都市工学科で学びながら将来を模索している。

仲間と試行錯誤しながらやり遂げた体験

中2から高2まで、生徒主体の公認団体「英語劇」の活動に熱中していました。チーフとして関わった高2の文化祭はコロナ禍での開催。文化祭の延期や感染対策など、イレギュラーだらけの中で練習を進めていったのですが、なかなか苦労しました。メンバーのモチベーションもさまざまですし、みんな自由奔放すぎてすぐに好き勝手やり出すんです（笑）。**似ているようで全く違う個性をまとめる難しさを体験できた**ことは、良い経験になっています。

試行錯誤しながらつくりあげたセリフや動きの一つひとつにお客さんが反応してくれる喜びは、いちど味わったらやめられません。今、劇団を自分で立ち上げたり、学科のグループワークなどでもリーダーシップをとることが多いのですが、それは、僕のことを**信頼し、任せてもらった高校時代の体験が大きく影響している**と感じています。

Chapter 04

子も親も変容し続ける力が新時代を生きる鍵に

Check point

- ✓ 親の価値観をアップデートする
- ✓ 学校と上手に連携する
- ✓ 家庭を安心できる居場所にする

親は価値観を見直し、押し付けずに上手く伝えることが必須

このChapterでは、より実践的に中高生男子と向き合う方法をお伝えしたいと思います。反抗期に突入している多感な子どもたちと向き合う前に、ぜひ行っていただきたいのが、自分自身の価値観を改めて見直しておくことです。

例えば、学業、スポーツや習いごとなど、子どもが取り組んでいることに対して、親はつい「頑張れ、頑張れ」と根性論で押してしまいがちです。親世代が受けてきた教育が要因なので致し方ない部分もありますが、大人になると、努力だけではどうにもならない世界があることを、私たちはもう痛いほど知っているはずです。

それなのに、やみくもに頑張れと子どもに強いてしまうのはなぜでしょうか。それは、**「努力する者が最後は報われる」という、これまで刷り込まれてきた価値観**を否定したくないからだと思うのです。

もちろん、努力が不要だという話ではありません。生まれた頃からシビアな社会状況を生きている今の子どもたちは、基本的に努力家です。**親からすると物足りなくても、「努力ならもうしているのに」と思っている場合が多い**ものです。「努力」の意味合いが親とは違うのです。

このように、親の学生時代の価値観が今の子どもたちには通用しないことが多くあります。そんな彼らが求めているのは、具体的な解決策だけです。

とはいえ、「私はこう思うよ」と親の価値観を語ることも、ときにはあって良いと思います。観念論を嫌う年頃の子どもには馬耳東風かもしれませんが、それで良いのです。大人になってから、「親父はあんなことを言っていたな」と思い出すこともあるでしょう。

自分と異なる時代を生きる子どもを育てる過程では、価値観のぶつかり合いはつきものですし、それは教育現場でも同じです。日々の生徒たちとのやりとりを通じ、自らの価値観をアップデートし続けることを、私も日頃から肝に銘じています。

子どもの現状を冷静に見る目をもつ

「子どもの人生だから子どもに任せる」と鷹揚に構えていたいものの、実際のところ、どのご家庭でも、我が子の学業についてはどうしても悩みが尽きないものではないでしょうか。中高生男子との向き合い方の難問の1つといえます。

そんなときはまず、**子どもの現状を冷静に見直してみる**ことをおすすめします。それにはやはり、**客観的な事実やデータを用いる**のが良いでしょう。親としても子としても、冷静に話すことができる材料となるからです。

客観的な材料には、定期試験や模試の順位付けなどがあります。ただ、今の社会には、順位付けを良しとしない傾向があり、特に、教育現場はその傾向が顕著です。

しかし、順位を付けることでしか見えてこないものがあるのも事実です。入学試験などはその最たるものでしょう。入学試験のためには、定期試験や模試などの結果から自分の現状を知り、ゴールまでの差分を導き出し、差分を埋めるために必要なことを洗い出したり、差分を埋めるのが難しいようなら他のゴールを探したりすることが必要になります。現状を把握しないまま、**あてもなく夢を語ったり期待をかけたりするのは、子どもにとっては酷なこと**です。

本校の生徒の様子を見ていると、小学校時代の塾通いの影響もあるのでしょうが、自分の立ち位置を確認したり、モチベーションを上げたりするために、試験をうまく活用している印象があります。高校生にもなると、学習時間や学習内容を記録するアプリなどを使いこなし、試験結果と併せて分析する生徒も増えてきます。**テストはあくまで自分を知るためのツールの1つ**であり、自分や友達の人間性まで評価するような性質のものではないということを、子どものほうが案外よく知っているのです。

むしろ親の側が、子どもの成績に対して「せめて真ん中より上でいてほしい」といった漠然とした目標を抱き、やみくもに子どもを追い込んではいないでしょうか。親心としてはもちろん理解できます。ですが、ここはぐっと堪えて、子どもの現状を冷静に把握しましょう。そして、現状に即したアドバイスをする方向へ切り替えるのがお互いのためであり、子どもも受け入れやすいはずです。

子どもが満足し、納得いく解決策を導き出す

高校生になる頃からは、卒業後の進路や大学受験のことで、親に相談をもちかけるケースが増えてくるでしょう。そのときに何よりも大切なのは、入試直前であっても、**子どもが満足し、納得いく形の解決策を一緒に考える**ことです。

例えば、第1志望の大学に向けて頑張っても、受験直前に至るまで実力が追いつかないことはままあります。奇跡を信じて応援するのも良いのかもしれませんが、もう一度、本人の希望をよくよく聞いたうえで、**希望が叶うような現実的な選択肢を示したほうが、結局は子どもの満足のいく結果につながることも多い**ものです。子どもは選択肢を知らないが故にこだわっている場合もよくありますから。

「何がなんでもA大学に行きたい」

とこだわっている我が子には、

「法学部を希望するなら、偏差値はA大学よりも低いけれど、ここの大学のほうが実績はあるから、見ておいたらどうだ」

と、子どもが「それも良いな」と思える代替案を示すことが大切です。

こうした話し合いのときには率直さも必要です。高校生にもなれば、内心では「このぐらいの偏差値の大学には行きたい」というプライドや、生々しい本音があるでしょう。そこを見ずして、子どもにとって本当に満足感のある解決策は生まれません。シビアな現実に直面する我が子を、「頑張れば夢は叶う」「大学の偏差値を気にするのはナンセンス」といった単純な理想論でくるんでしまうのも無責任な話です。そこは割り切って、

「お前が目指したいのはこの偏差値帯の大学なんだろう。それなら得意な数学の配点が高いこの大学なら可能性が上がるかもしれないよ」

などと具体的な話をしたほうが良いでしょう。そうすることで、子どもは進路のことを前向きに考え直すことができます。親が自分に対して率直に語り、応援することで、中高生男子は自信をもって未来を選択していくことができるのです。

子どものことで悩んだら学校を頼ると突破口が見えてくる

不透明さ、不確実さが前提のＶＵＣＡ時代、中高生男子の悩みも親の悩みも複雑です。具体策を考えたり、情報を集めたりしてみても、なかなか解決につながらないということもあるでしょう。そんなときは、ぜひ学校を頼ってみてください。

いちばん身近な窓口は担任ですが、スクールカウンセラーも、保護者の悩み相談に乗ってくれます。本校では、校長の私にご相談いただく場合もよくあります。

学校には数多の生徒と関わり続けてきた経験値があり、**1人の子どもをずっと見つめている家庭とは異なる視点**をもっています。また、家庭で見せるのとはまた別の一面を知るからこそできる話もあります。家庭内で抱え込んでいた悩みも、**学校に相談することで突破口が見えてくることが実によくあるのです。**

以前、お子さんの不登校傾向と成績低下を心配したお母さんが、校長である私に相談してくれたことがあります。ゲームばかりで勉強しないと悩むお母さんに、私は「B君なら大丈夫です。しばらく待っていれば彼はちゃんとやり始めますよ」

と伝えました。

B君は、不登校傾向はあるものの、学校に来れば友達ともよく関わっていました。また、直接話をしてみると、いろいろなことを実によく考えているのだということも私は知っていました。そうした姿から、B君はきっと大丈夫、と確信をもつことができたのです。

そのうえで、担任や部活動の顧問を通じての具体的なアプローチも提案しましたが、**家での姿とは異なる姿を知ったことも、お母さんの安心につながった**ようです。

その後、予想通りB君は不登校から立ち直り、懸念していた大学受験も見事合格し、笑顔で卒業していきました。

お子さんの大切な6年間を預かる身としては、さまざまなご相談に応えられるよう、生徒の現実の姿を見極めつつ具体的な方策をお示しすることを、自らに課しています。

VUCA時代を生きる子どもには複数の選択肢をもつ重要性を伝える

中高生男子が成長するにつれ、将来に関する悩みも増えてきます。多様化を極める今の時代、どこで、誰と、何をして生きるかといった人生のフィールドもまた、非常に多様です。そんな世の中にあって、進路に悩む子どもに何を伝えてあげたら良いのか、経験したことのない親世代は困ることも多いはずです。

まずは、ここでも親の側に情報のアップデートが必須でしょう。高校卒業後にはどんなルートがあるのか、今の大学にはどんな学部があり、どんな方法で入ることができるのか、子どもが抱いている将来の夢を叶える道には複数のルートが考えられるのかなど、**さまざまな観点から、親の側でも情報を集めておく必要**があります。

例えば、司法試験予備試験の導入により、法学部はもちろん、法科大学院に通わなくても、法曹の世界に進むことが可能になるなど、夢を叶えるためのルートは確実に増えています。

また、今は転職や副業も盛んですから、複数の夢を叶えることも可能です。「教育に関わる仕事もしてみたいし、大きな企業で働くのにも憧れる」と子どもが言うのなら、いったんは会社員として働いた後、社会人経験をもった教員として学校現場に出る道もありますし、週に4日は会社員として、3日は学童保育施設で働くことも可能な世の中になってきています。

このように、**今はいろいろな意味で複線型の時代**なのです。

一方で、中高生男子は、案外保守的な面があります。インターネットを通じて時代の風を感じながらも、日頃接している大人は親か教員です。変化を嫌う日本社会においてさえ、すでにやや古くなり始めている一般的な「成功ルート」を生きてきた人たちに囲まれていては、自由な発想は生まれにくいものです。

意外と保守的な思考をもつ子どもたちを自由な方向へ導いていくために、本校では保護者向けに有識者によるアカデミックセミナーなどを開催しています。人生にはたくさんの選択肢があることを親自身も知り、積極的に伝えてあげてください。

先行きが見えないからこそ、親も子もフレキシブルに生きる

子どもたちに複線型の人生設計を伝えるのならば、親自身にも、子どもの変化に応じるフレキシブルさが必要です。子どもが何をやりたい、何を成し遂げたいと思うかで、例えば今住んでいる場所を離れて移住する可能性も出てきます。

本校にも、入学を機に母子で、または家族ごと引っ越してくるケースはたびたびあります。子どもの成長や進路選択が、親にとっても大きな変化のきっかけになり得るのです。

今、新しい価値観を身に付けた20代から30代が、続々と親になっています。彼らは、リモート環境を駆使し、幼い子どもを自然豊かな地方で育てながら必要なときだけ都市部の居住地に戻る、いわゆる二拠点生活を行っているケースが見受けられます。そんな彼らにとって、**自らの希望やライフステージの変化に合わせて、起業や転職をす**

ることはもはや当たり前です。

本校の卒業生の集まりに顔を出しても、転職の話、独立の話は非常に多く聞かれます。今ある形に固執しない、新しい価値観の萌芽を感じます。

「ダメだと思ったら場所かやり方を変えてみろ」

と言い続けてきた私の影響も多少はあるのかもしれませんが……。

見て知っているというのは強いものです。**フレキシブルな親の姿を見て育つ子どもは、自分の変化や社会の変化を必要以上に恐れることはありません**。

もちろん、変わるということは、自分のこれまでの考えや言動の根拠を疑ってかかることでもありますから、一面では苦しいことでもあります。今の時点でどうにかやれているのに、無理に変える必要があるのか、と考えることもあるでしょう。

しかし、**従来のやり方でうまくいかなくなったらむしろチャンスです**。

私の体験した20年以上の学校経営においても、変化のきっかけは常に課題から生まれてきました。次々に課題が生まれる中高生の子育てこそが、あなた自身が、よりフレキシブルに生きる変化のきっかけになるかもしれません。

夢の実現方法が多様な今、できるだけ多くの選択肢をもつ

高校での進路指導というと、最も間近にある大学入試をゴールにした発想をしがちですが、当然のことながら、大切なのはそこから続く長い人生のほうです。

子どもの進路を考えるうえでは、足下の大学受験を見る目だけでなく、**もう少し俯瞰して大学受験の先の人生を見つめる目**も必要になります。ですから、大学受験を考える高2の文理分けの時期になったら、ぜひ将来の夢を話題にしてみてください。

そのときに、子どもが語る内容がどんなに漠然としていてもかまいません。漠然とした願いから始めて、子ども自身が自分の進みたいフィールドを探したり、試行錯誤したりできるように、見守ってあげてほしいのです。

自分の生きるフィールドが見つかるまでの道は、決して一本道ではありません。

大学院まで出ながら、全く違うフィールドに進む、ということもよくあります。日

本はいまだに、理工学部に行くなら卒業後は技術者か研究職へ、というように、大学の学部と職業を直結させがちですが、今の世の中は必ずしもそうではありません。

「本当は法学部を目指したいけれど文系科目が苦手だ」

といった現実があるならば、得意な数学や理科を活かし、理工系の学部に進学してから、法科大学院に進んで弁護士を目指すこともできます。

このように、今の時代は、夢の実現の方法が多様になってきています。今までの、定番ルート1本だった道から複線型へ選択肢が広がっているのはとても喜ばしいことです。

その他にも、入った大学やアルバイト先など、行く先々でさまざまな出会いがありますから、そこで転機が訪れることもあります。そのため、**変わることを前提として夢を描いてほしい**のです。

中高生男子は、もっと夢を語れると思います。そんな彼らの思いを、大人である私たちは知恵を絞り、いろいろな方法でサポートしていってあげたいものです。

「お金を稼ぐ」を目的にしかできないやり方を模索するもよし

子どもが将来の夢を描くときネックになりがちな、親側の意外な価値観は何だと思いますか。

それは、お金儲けを最優先に考えることをいけないこととする価値観だと、私は考えています。この価値観は学校の中に顕著であり、生徒が「将来お金が儲かる仕事に就きたい」と言うと、多くの教員が嫌な顔をします。

私が事業をやっている家に生まれたことや、本校の事務長、理事長として経営に携わってきたからこそ言えることかもしれませんが、何をするにしてもお金の問題は避けて通れません。

学校でいえば、高い教育理念を掲げただけでは何も変わりません。大切なのは、理念を実現する具体策であり、具体策のためにはお金が必要なことが往々にしてあります。そういう**現実を直視せず、お金儲け第一主義はダメなことだと考えるのは、あまりにも視野が狭い**と言わざるを得ません。

特に今は、働き手へのリターンが小さすぎるのが日本全体の課題であり、今の学生は「その仕事でどれだけ稼げるか」をかなり意識しているところがあります。この状況では、チャレンジした分、稼ぎも増える外資系の企業に優秀な学生が流れてしまうのも無理はありません。

自分にしかできないやり方で、多くの人が欲しいと思うものをつくり出せる人ほど儲かるというのが商売の原則です。つまり、**自分の個性を知り、マーケットとなる社会を知ることが必要なのであり、そこにはやはり、学校での学びが活きてきます**。

親として、たまには子どもとそんな話をするのも良いのではないでしょうか。ときおり、生徒とそういう話をすることもありますが、興味津々に聞いていますよ。

中高生男子は、**大人の社会に対する強い好奇心をもっています**。知っていることはお金のことに限らず、隠さずにどんどん共有してあげましょう。

子どもの夢にどう近づけるのか、具体的なルートを一緒に探る

子どもが夢を語り始めたら、それがどんなに漠然としていても、文字通りの夢物語としか思えなくても、茶化したり、否定したりは決してしないでください。

「現実的じゃないよね」

などと言うのは簡単ですが、それは子どもにとって、何のサポートにもなりません。

口出しをしたい気持ちをぐっと堪えながら、見守ってほしいのです。

親にできることは、子どもの夢をジャッジすることではありません。どう夢に近づけるのか、具体的なルートを一緒に考えることです。

目指す夢に対し、今の実力や環境では難しいということはもちろんあるでしょう。

そのときにするべきなのは、**夢を諦めさせることではなく、子どもの夢の実現に至るルートを、できるだけたくさん親が知っておくこと**です。そして、子どもが相談して

きたときに、示すことです。

本校の卒業生である宇宙飛行士の大西卓哉さんは、小さい頃から宇宙への夢を描き、東京大学の航空宇宙工学科へ進みました。しかし、大学を卒業して進んだのは航空業界。近いようで遠い世界です。

大西さんの宇宙への道の第一歩となったのは、社会人になってから偶然見つけた宇宙飛行士の募集広告だったそうです。そして、夢を実現した今、大学での学び、社会人としての経験が仕事に役立っていることは想像に難くありません。

夢を持ち続けている限り、どんなチャンスが転がっているかわかりません。そして、**チャンスをものにした瞬間、今までの行動がムダではなかったことに気づく**のです。

あなたは今、我が子に対して、

「今は力が及ばなくても、またチャンスは必ず来るよ」

とポジティブな声かけができるでしょうか。また、その言葉が単なる気休めにならないよう、具体的に実現可能なルートを選択肢として想定できているでしょうか。子どもが夢の前で立ち止まったときには、ぜひそんなふうに声をかけてください。

家庭円満が、難しい中高時代の子どもの心を安定させる

不登校傾向がある生徒の背景に家庭内の問題が隠れていることが多いのは経験として実感しているのですが、中でも、**夫婦の不和が子どもの心の安定に大きく影響を与える**ことをご存じですか？

親子の不和と比べても、夫婦の不和は、子どもにより深い孤独感や無力感を与えると感じています。本来は自分を温かく包んでくれるはずの家庭が冷え切ったものとなり、しかも、**それに対して自分は何もできないのですから、その苦しみは計り知れません**。学校にいても明らかに様子が違うことがわかるぐらい、影響の大きいものです。

見せないようにしていたとしても、子どもは、親が言い争っているのを察知しています。何も言ってこなかったとしても、おそらく気がつかないふりをしているだけでしょう。

できることならば、関係修復を図れたほうが良いでしょうし、それが難しいのであれば、今後の夫婦の在り方をよく話し合っておくようにしたほうが良いと、私は考えています。

不和とまでいかなくても、子どもが大きくなってくると、同志のような感覚になり、つい軽い気持ちで妻や夫の愚痴を子どもにこぼしてしまうこともあるかもしれません。ついつい言いたくなる気持ちはわかりますが、ここは我慢してください。子どもは気を遣って愚痴を聞いてくれるかもしれませんが、内心は傷ついている姿を私は見てきました。ちなみに、これは、義理の両親に対する愚痴も全く同じことです。

愚痴を言いたくなったら、信頼できる第三者相手に話すのが良いでしょう。愚痴を言ってさっぱりしてから、夫や妻と冷静に話をする時間を設けるのがベストです。また、喧嘩したり仲直りしたりを子どもにわざわざ報告する必要もありません。大人として、胸の内にしまっておいてください。

家族の価値観は別ベクトルを向くように意識する

「うちは夫婦（家族）の価値観がぴったりで喧嘩をしたことがない」

という方も中にはいるかもしれません。しかし、それはそれで、別のことに注意が**必要な場合があります。**

それというのも、同じ価値観の人が家に複数いると、子どもとしては少々息苦しいのです。特に、それが子どもに対して発揮されると大変なことに……。

例えば、学校に行きたくないときに、

「学校に行くのは当たり前だろう、早く行きなさい」

などと、家族から責められたらひとたまりもありません。別の考えを言う人がいないので、**子ども自身も家族の価値観を自動的に取り入れてしまい、絶対的な規範として内面化する**ことにもつながります。大人も、複数人が揃って同じことを言っているうちに、**それが正しいのだと思い込み、視野を狭めてしまいがちです**。かえって、家族の意見が多少食い違うぐらいのほうが、人には異なる考え方があるのだということを子どもも実地で学べて良いでしょう。

とはいえ、子どもの目の前で子育て方針のぶつかり合いが起きてしまうのも、それはそれで問題です。子育てに関しては、家族の誰かがフロントに立ち、他方がフォローに回る、**テニスのダブルスのようなチームワークで臨むのがいちばん良いのではないか**と感じています。

また、おひとりで子育てされている保護者の方の場合は、ぜひ学校も頼ってください。自分1人の意見、考えでさまざまな決断をしなければならないのは、不安になるときもあると思います。

迷われたり、悩まれたりしたときは、普段の子どもの姿をよく見ている担任などの客観的な意見を聞くと良いでしょう。保護者の方とはまた違った別なベクトルの意見になるはずですから。そして、その意見を子どもと共有することで、子どもの視野も広がっていきます。

子どもが勉強しないときは責めるのではなく、発展的な話をする

勉強をしないお子さんを、

「こんなに高い授業料を払ってやっているのに」

と言って責めてしまったことはありませんか？　学費の高い私立中高はもちろん、公立だとしても、塾代など、子どもを学校に通わせるためには、さまざまな費用がかかります。**親としては、本音半分、本人の反省を促したい気持ち半分**といったところなのでしょう。

しかし、残念ながら、その言葉では子どもはまず発奮しません。最も多いのは、

「俺が頼んだわけじゃない」

という反応でしょう。

「本人が行きたいと言うから受験させたのに」

と親側は言いたくなるかもしれませんが、そこに至るまで多少なりとも親のリードや方向付けがあることを、子どもはよく見抜いています。おそらく、

「そう思うなら最初から受けさせなければ良かったじゃないか」

という反応が返ってくるだけでしょう。親の苦労も知らないで、と言いたくなる気持ちもよくわかりますが、子どもとしても、そう返すしかないやるせなさがあります。

また、逆に、親の言葉を真正面から受け止めて悩んでしまう子どももいます。

親がことあるごとに、授業料が高いと愚痴を言っていたために、**子どもがそのことを気に病んで思い詰め、学校を退学したいと言い出すケースもある**のです。

家庭内が安定していることは、やはり、子どもの心の安定に大きく寄与しています。

衣食住に不足がなく、安心して学業を修められる環境を用意するのは並大抵のことではありませんし、皆さんは日々その役割を、見事に果たしているわけです。

それならば、学費などの費用のことを持ち出すのはいったん仕舞って、勉強への取り組み方についてなど、本来伝えたい発展的なことを伝えるほうに気持ちを切り替えてみてはいかがでしょうか。

スマホだけは使用時間・場所などを制限するに限る

10代のスマートフォン使用については、国内にとどまらず世界的な問題になっています。２０２４年11月には、オーストラリアの議会が**16歳未満の子どものSNS利用を禁止する法案を可決した**というニュースが飛び込んできました。ユネスコのレポートによれば、イギリス、フランス、イタリア、オランダ、シンガポールなどでも学校でのスマートフォン使用を禁じる法律が定められています。

本校でも、スマートフォンの使用については模索が続いています。スマートフォンが普及してからつい数年前までは、本校ではスマートフォンの使用は登下校時に限ることとし、学校に着いたらロッカーにしまう決まりにしていました。

しかし、数年前に、生徒の自律を重んじる意図から、校内での使用も可という形に運用を変えたのです。ところが、自由にしてから2年間の間に、主に中学生の間で

「使うのが自由ならゲームをやるのも自由」という具合に行動がエスカレートしてしまいました。それと合わせるように、ＳＮＳのトラブルも増加しています。

担任や学年主任を通じて再三指導をし、外部講師も入れて啓発に努め、先日は校長講話として全校生徒に向けて話をしました。危機意識はある程度共有できたと思いますが、これで収まるかどうか。今の中高生にとって、スマートフォンは、**本人の意思の力ではどうしようもない、中毒性のあるもの**なのでしょう。

生徒の様子を見ていると、**中学校でゲーム漬けだったとしても、高校生になる頃には収まることがほとんどです**。勉強の妨げになるからと、勉強時間に合わせてロックをかけたり、ＳＮＳのアプリを削除したりする生徒も多く見られるようになります。

そうした姿を見てきている私としては、精神的に大人になればあるいは、という思いもあります。しかし、それまでの間が問題です。授業中にゲームをやっていて注意されたからと、トイレに行ってコソコソ続ける、とまでなってしまうとさすがに異常事態だといわざるを得ません。そうなる前に、やはり、どこかで強制的に線引きすることも必要なのではないかと思うようになってきています。

中高生男子の子育ては引き算していく

これまでたくさんの家庭を見てきていますが、うまく子育てしていると思う家庭には共通点があります。

それは、子どもとの距離のとり方がうまいことです。保護者と話してみると、**ここは子どもの主体性に任せる、ここは親が出ていくといった、見守りと関わりのバランス**がよくとれているなと、感心してしまいます。

家族がちょうど良い距離感を保つためには、子どもを1人の人間として尊重することがポイントになります。

「宿題やったの？　明日の準備をしたの？」

と口酸っぱく、毎日のように声をかけていないでしょうか。本来、中高生ともなれば子どもが自分で管理すべきことですが、過干渉になっているケースも見受けられます。

過干渉になっていないかどうかを見極めるためには、普段、子どもに対してどんな声かけをしているか、その内容を思い出してみてください。

親の言うことに対して、反抗的な態度になったり、嫌な顔をして反応がなかったりするようなら、距離が近すぎるのでしょう。もうあれこれ指図せずとも、子どもたちは自分で管理できるはずですし、できていなかったとしても、それはもう本来は子どもの責任といえます。

逆に、子どもに対して無関心すぎるのも問題で、これは距離が遠すぎると考えられます。自分に対して無関心だと子どもが感じれば、無気力になったり、不安につながったりすることもあります。

子どもと親は異なる個性をもちますから、適度な距離感も親とは異なることがあります。どうしても親の主観を優先させてしまいがちですが、子どもの感覚も考慮すると、親子の関係性はうまく回ることが多いと感じています。

大切なのは、子どもの様子を見ながら、一歩引けるかどうかです。

ここが良かった
卒業生からのメッセージ vol.4

45期（2008年卒業）　**伊藤圭太**さん

PROFILE
成城大学経済学部卒業後、単身渡米。サンフランシスコでソフトウェアエンジニアとしてキャリアをスタート。大手テック企業等でiOSアプリ開発を手掛ける。中高時代に不登校を経験している。

さりげなく見守ってくれた仲間と先生

中3から高2にかけて不登校を経験。しかし、友達と学校内外で過ごすこと自体は楽しくて、修学旅行にも、イギリスへの短期ホームステイにも参加しました。

ありがたかったのは、**友達がごく普通に接してくれたこと**です。中学から高校の校舎へ移動するときには、僕の荷物を詰めた段ボールに励ましのメッセージを寄せ書きしてくれました。また、何人もの先生方が相談に乗ってくださったり、家庭教師としてOBの方を紹介してくださったり、校長先生も、母の相談に根気よく乗ってくださったりと、学校からの支援が驚くほどありました。

中高時代はいちど挫けると行き詰まりがちだと思いますが、**焦らず長い目で見守っていただけたこと、そして出席日数にかかわらず進級させてもらえたこと**で、その後の人生につなげられたことは、今でも本当に感謝しています。

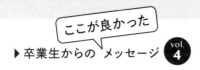

Chapter 05

人や芸術との触れ合いが予測不能の困難から立ち直る力を養う

Check point

- ✓ 臨機応変にフィールドを変える
- ✓ 「ムダ」と「偶然」を味方につける
- ✓ 良いことも悪いことも受け入れる

「良い失敗」は人間力を育むきっかけになる

人生に失敗はつきもの。とはいえ、我が子にはできるだけ失敗をさせず、安全な道を歩かせてあげたいと思うのもまた、親心です。

ですが、私は、失敗には「良い失敗」と「悪い失敗」があると考えています。

子どもがたびたび同じ失敗を繰り返し、**本人も「またやってしまうのでは」と極度に恐れ、萎縮してしまうような失敗は黄信号**です。また、そういう精神状態のときには思考が他責的にもなるでしょう。自分の失敗を誰かのせいにすると、そのときは一瞬気持ちが軽くなるかもしれませんが、自分の裁量で解決することができないため、結局は自信喪失につながってしまいます。

このようにどんどん自信を失うような失敗は「悪い失敗」です。この場合は、**今いるフィールドが本人と合っていない**と思って間違いありません。撤退や方針転換をすべきタイミングです。こういうときに、動けずにいる子どもの背中を押すような、魅力的な選択肢を示すことが大人の仕事です。

では、「良い失敗」とは何かというと、自分の成長の糧にできる失敗です。良い失敗の場合は、冷静に失敗の原因を考えることができます。そして、「次はこうしよう」とポジティブに気持ちを切り替えることができるものです。

とはいえ、失敗して傷ついている渦中にいるときにはなかなか難しいことです。子どもが失敗して落ち込んでいるときに親ができるのは、衣食住を整えて安心できる環境をつくりつつ、本人の言葉を待つことに尽きます。

失敗を癒すのは月日の経過が薬代わりとなる「日にち薬」しかありません。どんなにつらい体験も、時間が癒してくれる部分は大きいものです。時間が経てば、気持ちが落ち着き、元気が戻ってきます。元気が戻ってきたならば、同じフィールドで再挑戦するか、別のフィールドへ行くかを考えれば良いのです。

失敗は、**落ち込んでも再び立ち上がることのできる立ち直る力を育むまたとない機会**です。恐れることなく、良い失敗の経験を積ませてあげましょう。

ぬくもりを伝える人となれ

聖光学院が目指すべき人物像として、私がモットーとしている言葉があります。

「ぬくもりを伝える人となれ」

これは、コルカタの貧しい人たちに生涯を捧げたマザー・テレサの言葉です。彼女はある日、スープを配るために街へ出かけるシスターに、

「**相手の目を見つめ、肩に手をかけ、微笑んで、一言でも言葉をかけながらスープを配りなさい**」

と語りかけたのだそうです。

他者の痛みや弱さを知って手を差し伸べることができるか、そして、他者の弱さに乱暴に踏み込むのではなく、**相手への尊重と共感をもって、共に歩むことができるか**、という2つのことを、マザー・テレサの言葉は問うています。

もちろん、若いうちは、体と感情が先行し、自分が富を得る、地位を得る、人と競

う、といった欲に我を忘れてしまいがちです。

しかし、人間の本当の価値とは、他者と共に歩むことができる点にこそあると、私は考えています。私は２００４年の校長就任直後にカトリック教会の洗礼を受けましたが、キリスト教には、

「あなたがどれほど弱いとしても、神様はあなたを頼りにしている」

という言葉があります。人は弱いからこそ他者と支え合うことができるのです。

本校では、リベラルアーツを通じて非認知能力の育成を図っていますが、それは何も、生徒の社会的な成功をのみ目指しているからではありません。

優れた文学や舞台演劇などから、私たちは人間の弱さも、共に歩むことの難しさや喜びも学ぶことができます。多感な中高生のうちにこうした芸術作品に触れる機会をつくることで、彼らが**将来的に、自らの手のぬくもりを伝える人になれるよう**、少しずつ種を蒔いているのです。

人の温かさの中で生きることの喜びは、変化に満ちた社会を生きる子どもの人生を優しく照らしてくれると信じています。

「間合い」のコミュニケーションをチーム活動で学ぶ

中高生時代は、できるだけたくさんのコミュニティに所属させることを勧めます。学級や学年、生徒活動のチーム、私的なグループも含め、学校の中には大小さまざまなコミュニティがあります。

もちろん、校外に目を向けてみても良いでしょう。習いごとやスポーツチーム、ボランティア活動など、地域には、中高生向けのさまざまな活動の場があります。

複数のコミュニティに所属すると身に付くのが、**多様な相手とちょうど良い距離感の関係を築くコミュニケーション力**です。

自分とは違う人間と何事かを成し遂げるのですから、コミュニケーションは一筋縄ではいきません。当然、ぶつかることも出てきます。言いすぎたと謝ったのに、相手が良い顔をしていないことに気づいたり、そこからまた言い合いになったり、そのせいでチームの雰囲気が悪くなったり……といった場数を踏んでいくうちに、相手との間合いをはかりながら声をかけたり、激昂しそうになったときに空気を読んで踏みとどまったりすることができるようになっていきます。

また、チーム内で揉め出すと、当事者同士がカッカしているときに、うまく取りなしてくれる子が必ず出てきます。そんな友達の姿から学ぶことも多いものです。

そういう泥くさい体験を重ねながら、人とのちょうど良い距離感を摑んでいきます。これは、仲良しグループのように**固定化した単一のコミュニティだけにいては、なかなか得られない体験**です。複数の場を持つことで、野球部では部長としてリーダーシップをとる生徒が、体育祭ではスタッフとしてフォロワーシップに徹するなど、さまざまな立ち位置を学ぶことができます。

これからの時代、時に応じて**リーダーにもフォロワーにもなれる資質が必要**ですから、両方知っているというのは強いものです。没頭しすぎて勉強はそっちのけ、というときもあるかもしれませんが、貴重な学びの最中だと捉え、そこはしばらく見守ってあげてください。

「偶然」を味方につける力は一見ムダと思える時間にある

子どもには幸せになってほしいから、できるだけたくさんの能力を身に付けてほしい、そのための体験ならばいくらでもさせてあげたい。子どもの教育にかける親の思いとはそういうものでしょう。しかしそれが行きすぎて、今の日本の小学生の放課後は、多忙を極めています※。

こうした傾向を見ていると、**自分や子どもの人生を、コントロール可能なものとして捉えすぎてはいないか**と、少々気がかりです。

全部が予定通りというわけにはいかないのが私たちの人生です。

「こんなに頑張ったのに実らなかった」

ということもあれば、逆に、

「たまたまこんなきっかけがあってうまくいった」

ということも起こり得ます。

前のChapterでも触れましたが、宇宙飛行士の大西卓哉さんが宇宙への扉を開くことになったきっかけは、偶然見つけた宇宙飛行士の募集広告でした。

偶然の出会いは、自分を導く「ご縁」になり得るのです。子どもには、偶然を味方につけ、ご縁へとつなげる力を育んであげたいものです。

近年、ビジネスの世界でも「セレンディピティ」といって偶然の生み出す価値に気づく力が注目されています。セレンディピティが起こりやすくなるのは、**いつもと違うことをしたり、多様な価値観をもつ人と接したとき**だといわれています。行動や環境を柔軟に変えていける力が、ここでも必要なのです。

偶然を味方につけるには、心のゆとりも大切です。心のゆとりがなければ、ご縁の種が目の前を通り過ぎても気づくことはできません。いつもと違う道を通って帰ってみたり、普段は寄らない本屋に寄ってみたりと、**ムダとも思える時間の中に、偶然の出会いは潜んでいる**ものなのです。

※「放課後の生活時間調査 報告書［2013］」（ベネッセ）

芸術を通じてものごとの複雑性を理解する力をつける

中学生になったあたりから、好きなミュージシャンの曲を聴き始めたり、バンド活動を始めたりする子どもも多いものです。もちろん自分の好きな音楽に親しむことは素敵なことですが、それに加えて、中高生の間にクラシック音楽に触れる機会をできるだけもってほしいと考えています。

なぜかというと、**クラシック音楽は抽象度が高く、指揮者や演奏家によって解釈が異なるとても複雑な芸術**だからです。

内面的にも大きく成長する中高生時代には、日々のさまざまな葛藤を通じて、言葉にしたくてもできない複雑な感情をたびたび味わうようになります。そんなとき、**クラシック音楽の複雑さは、自分の思いを代弁してくれる**ものとして心に響きます。

また、中高生時代の心は矛盾に満ちています。異性に恋をすれば、相手に憧れ、大切にしたいと願う純粋な思いと性的な欲望の両方が心の中に生まれます。そんな**矛盾した感情を統合していく術を身に付けるうえでも、ものごとの複雑性を理解する力は役立ちます。**

親であるあなた自身がクラシック音楽好きならば、ぜひ、ご自分が楽しむ姿を見せてあげてください。親がコンサートに行く予定があるというだけでも、子どもが関心をもつきっかけになります。

あなたにクラシック音楽を聴く習慣がないのならば、ご自分も新しい世界を覗いてみるようなつもりで、お子さんと一緒に楽しんでみてはいかがでしょうか。

家族で手頃なクラシックコンサートに出かけてみるのもおすすめです。市民オーケストラや大学のオーケストラなどの定期演奏会ならばチケットも比較的安価で、気軽に試してみることができるでしょう。

もちろん、音楽でなくとも、文学や演劇、絵画でも同様です。ただし、いずれにしても強要しないことが重要です。手を伸ばすかどうかは本人次第。種を蒔くようなつもりで、長い目で見てください。

価値観は言葉で形成されるため本を読むに越したことはない

内面が複雑になる中高時代には、文学作品に触れ、語彙力をとにかく高めてほしいと思っています。なぜなら、**文学作品には人間のもっている美しさはもちろん、邪悪さも洗いざらい表現されている**からです。文学作品を読むことで、自分の中の負の感情にも居場所が与えられ、自分の感情の説明がつくようになるのです。

良い部分も悪い部分も両方抱えて生きていくのが人間らしさです。文学作品を読むことは、そのような**自分の複雑さを受け入れるための、大きな助け**になります。

幸福観や人生観などといった価値観は、言葉で規定されるものです。文学作品を読んで抽象的な語彙を豊かにすることは、価値観を豊かにすることにつながります。

そのため、中高生にはできるだけ明治の文豪や海外の近代文学などの作品を読んでほしいのですが、年齢的にも親から与えるのは非常に難しい時期です。

家庭でできるのは、子どもが文学作品に自然と手を伸ばすきっかけをつくることです。それには、本の置き場所づくりがおすすめです。小さな本棚やテーブルなど、気軽に本を置けるスペースをつくり、ご自身の読んだ本を置いてはいかがでしょうか。

また、家族旅行に出かけた際に、作品の舞台になった場所や、その土地出身の作家の文学館などがあれば立ち寄ってみるのも良いでしょう。

私も、中1生との研修旅行で長崎に行った際には、長崎を舞台にした遠藤周作の小説『沈黙』の一節を紹介しました。私はこういうとき、200人いるうちの2、3人でも興味をもってくれたら良いという気持ちで話しています。それぐらい、人に何かを薦めるのは難しいことです。

もし、子どもが自分から本を読み始めたら、**無理に最後まで読ませようとしないでください**。名作が万人に響くとは限りませんし、時間が経ってからもういちど読んでみて、こんなに素晴らしい内容だったのかと思い直すこともあります。ダメなら次、ぐらいの気持ちで気軽にやっていきましょう。

不透明な時代の支えは心に響く体験の積み重ね

学業以外の時間には小説を読むよりもSNSを眺めるのが現代の風潮です。しかし、文学作品や芸術のもつ複雑性と比べると、SNSに流れる言葉は極めて単純なものが多く、白黒どちらかしかないことも多いのが現状です。そうした単純な言葉に触れ続けることで思考もまた単純化、先鋭化し、周囲への影響を考えない短絡的な言動につながっていくことは、SNSを巡る社会問題からも明らかではないでしょうか。

子どもはもちろん、大人も**スマートフォンを手から離して、リアルな体験のほうへ戻していくべきとき**に来ているのではないかと感じています。

長い年月を生き残ってきたクラシックな芸術や文学作品には、時代を超えた普遍的な価値があります。そうした価値に、多感な中高生のうちに触れる体験は、内面を豊かにするだけでなく、その子の人生を支えてくれるものになり得ます。

私自身を振り返っても、学生時代に上野でドラクロワの作品を見たことは、人生を支える一部になっています。描かれた人物の迫力が心に直接飛び込んでくるような感覚を、この年齢になってもしっかり覚えているのです。

こうした鮮烈な体験ができるのも、感性の豊かな中高生の時期ならでは。**中2、3のあたりでうまく種蒔きをしておく**ことができれば、高校生にもなると、作品の世界をより深く掘り下げていくようになります。

人生につまずいたときにも、芸術は力になってくれます。

時代を超えて残る優れた芸術に触れたときに、人は、生の儚さに気づくものです。今抱えている悩みもやがては過ぎていくこと、**短い人生だからこそ、自分が何を大切にするべきか考える必要がある**ことを、芸術は教えてくれます。そんな体験が、あなたにもありませんか。

変化の激しい時代を生き抜くうえで、自分の人生を支えてくれる芸術の存在は、これからますます重要になるでしょう。子どもたちにはぜひ、これからの時代を生きる糧として、芸術に触れる習慣を手渡してあげたいものです。

悲しみの連続で成り立っている人生だからこそ、受容する力を育む

親として、子どもが悲しんでいる姿を見るのはつらいものです。我が子が成長し、自分よりも背が高くなっても、いまだにあれこれと言いすぎてしまう気持ちの奥には、子どもにつらい思いをさせたくないという、切なる親心があることでしょう。

しかし、悲しみは避けようとして避けられるものではありません。つらい思いをしないようにといくら親が先回りしても、想定外のことは起こりますし、親が一生子どもについて回るわけにもいきません。

自分の内面も人間関係も複雑になり始める中高生時代は、**人生にはどうしようもないことがあるのを知る機会も出てきます**。これが成長のためにはとても大切なことなのです。

見えている世界が狭い子どものうちは、人生を小さな因果関係で捉えています。そ

れが、成長につれて変わっていきます。努力してもダメだった、不運が重なった、というようなさまざまな諦めの体験を経て、人生にはどうしようもないことがあると、少しずつ学んでいくのです。

「努力すれば成功する」という単純な因果関係の中から出ずにまっすぐ育った若者が、社会的な弱者に対して極端な自己責任論を振りかざすのは、諦めの体験があまりに少ないからでしょう。これは、我が子には間違いのない道を歩ませたいと、子どもの手をいつまでも離せない親も同じことです。

人生は、自分の力ではどうすることもできない悲しみの連続です。その中でも最たるものが、人の生き死にではないでしょうか。こればかりは人間にはどうすることもできません。もう45年以上教育現場に立っていますが、いちばんつらいのは、教え子が自分よりも先に天に召されることです。

「自然な寿命から言っても順番から言ってもおかしいじゃないか」と言ってみてもどうしようもありません。

人生にたびたび訪れる深い悲しみに相対するとき、私は2つのことを大切にしています。

1つは、先にも触れた「日にち薬」です。抱えきれないほど大きな悲しみも、**時が経てば、その人の心に入るだけの大きさにきちんと収まってくる**ことを、私はいくつもの悲しい体験から学びました。

もう1つは、私が以前『死とどう向き合うか』の著者アルフォンス・デーケン教授の講演で聞いた、

「ユーモアとは、にもかかわらず笑うこと」

という言葉です。ドイツ語の有名な表現なのだそうですが、**人は、自分が苦しんでいるのにもかかわらず、目の前の相手に対する配慮として笑うことができる**、とデーケン教授に教えていただきました。

この言葉からは、大きな自然災害の後にテレビで流れる被災地の方たちの笑顔を想起することができるでしょう。どんなにつらいことがあっても笑うことができるのが人間の強さであることを、困難の真っ只中にある人の姿から、私たちは学ぶことがで

きます。

悲しみがどうしても避けられないものならば、子どもたちの内に、自分の悲しみを受け入れる力を育まなくてはなりません。

そのためにはまず、**近くにいる親が、子どもの悲しみにそっと触れ、自分のぬくもりを伝えられる存在でいる**ことが大切です。

我が子が嘆いているとき、私たちはすぐに、原因を探したり、解決策を講じたりしてしまいがちですが、それでは子どもの悲しみを矮小化することにもなり、子どもの中で、**悲しみに対する受容力は育っていきません**。

子どもが日にち薬を味方に元気を取り戻し、深い悲しみにもかかわらず笑うことができるようになるためには、親の側の辛抱強い見守りと、子どもを信じて待つ心が必要なのです。

適度な負荷をかけながら子どもの資質を高める

自立への過程にある中高生時代の子どもは、自分が個として認められているかどうかにとても敏感です。子どもを一個の人格として尊重することは、この時期の子育てにおいて、特に気をつけたいことです。

相手が何を考えどう行動するかは相手の自由とし、勝手に踏み込まないのが「尊重する」ということです。しかし、これを親の立場で徹底するのは難しいものです。

なぜなら、教育とは、適切な負荷をかけながらチャレンジを促し、その子がもつ資質を高めていくことだからです。当然、多少の強制力が働くことになるので、力のかけ具合を間違えると、すぐに相手の尊厳を傷つけてしまいます。かといって、全く負荷をかけずに放ってしまっては、子どもが本来もつ力を伸ばすことは決してできないのです。

子どもの人格を尊重しながら変化を促すと言われると、とても難しい匙加減を求められるように感じるかもしれません。ですが、人格の尊重の原点は、子どもがこの世に生まれた日にあると、私は考えています。生まれたての我が子は、ただそこにいてくれるだけで良く、何を付け加える必要もない完璧な存在として感じられたのではないでしょうか。

そうした完全な肯定を原点として、社会との接点が増えるごとに、身に付けるべきことを少しずつ教え、促しながら、育ててきたのではないかと思います。

これを土台にして中高6年間は、家庭だけでなく、学校ともうまく連携し、**その子にとってどのくらいの負荷が適切なのか、どんな種類の負荷がかかると子どもは発奮するのかを見極めていけると良い**でしょう。家庭では見られない生徒の一面をよく知る学校の力も借りながら、これからの時代をタフに生きられる人間力を育んでいくことが大切です。

ここが良かった
▶卒業生からの メッセージ vol. 5

56期（2019年卒業） **中山隆輝**さん

PROFILE
高校では生徒会長、英語ディベート同好会で活躍。第66回チャーチル杯争奪全日本高等学校英語弁論大会優勝。卒業後、米プリンストン大学へ進学。戦略コンサルティング会社を経て、現在はNYの大手ヘッジファンドで企業分析や投資戦略策定等の業務に携わる。

海外研修で人生の選択肢が広がった

中3のシリコンバレー研修が海外大学志望のきっかけでした。スタンフォード大学で、髪色も肌色も違う学生たちが議論する姿を見て、「自分もあの中で勝負してみたい！」と強く思うようになり、最初は渋っていた両親を説得しました。

高1のときには仲間と英語ディベート同好会を立ち上げ、表現力やチームワークを磨きました。高2のときに、生徒会長として、中学受験生向けのオープンスクールをゼロから企画・運営したことも、今の自分につながっています。

当時の聖光は海外大学への進学例が少なく、準備は手探りでした。しかし、**先生方が「思いっきりやってこい！」と応援してくださった**のが、とても心強かったです。

海外での仕事は刺激の連続で、ポジティブな自分に合っていると感じます。**海外へ目を向ける機会を与え、背中を押してくれた学校**には感謝の気持ちでいっぱいです。

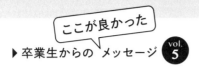

Chapter 06

自ら思考する力で大学受験も社会も過渡期の時代を生き抜く

Check point

- ✓ リーダーとして舵をとる
- ✓ リスクを背負って挑戦する
- ✓ 発想力、創造力を磨く

アフターAI時代のリーダーシップを育てる

2030年から2045年にかけて、AIが人間の知能を上回る「シンギュラリティ」に到達するといわれています。今もすでに、AIは人間にとっての優れた助手のような存在になりつつあります。

過去の事例を収集し、必要な情報を抽出するということに関しては、もう人間は生成AIには勝てません。これからは、AIを助手として、いかにリーダーシップを発揮できるかが問われる時代に入ったのです。

少し前までの社会で必要とされていたのは、与えられた課題に対して、素早く正確に問題を解く能力であり、リーダーの判断に沿って組織的に動けるフォロワーシップでした。ですから、学校教育もそうした能力を鍛えるように設計されていました。

しかし、ここから先は明らかに異なります。社会が先行き不透明な時代に入った今、子どもたちは、これまで誰も体験したことのない課題に直面していくことになります。

そんな社会に必要なのは、**いち早く課題に気づき、問いを立て、主体的に意思決定し、課題解決に向かうリーダーシップをもった人間**です。想定外の出来事が起きたとき、既成概念を覆すような問いを立て、解答を導き出すのは、人間のクリエイティビティしかありません。それは、未来予測の苦手なＡＩにはできないことです。

アフターＡＩの時代を生きる子どもたちには、**ＡＩによるサポートをうまく使いこなして課題解決していく、新しいリーダーシップ**が求められています。

リーダーシップは、自ら主体的に選択した領域でこそ伸びていくもの。ものごとへの関心が高い中高時代は、リーダーシップを育む好機です。机上の学習に縛ることなく、さまざまな活動への挑戦を応援してあげてください。

ＡＩにはないリアルな場数を踏み、豊かな発想力を身に付ける

今、学校の課題やレポートの作成に生成ＡＩを使う学生の存在が問題となっていますが、便利な道具だと聞けば使いたくなるのは、ある意味仕方がないことです。私も、使ってみないことには始まらないと思い、実際に生成ＡＩを使ってみました。すると、入力した問いに対してそれらしい解答は出てくるのですが、果たしてそれが正しいのかどうかに確信がもてません。**内容の正しさをチェックする最終段階は人間が行わなければならない**のだと、実際に使ってみて実感しています。

もう1つ、使いながら感じたことは、生成ＡＩの集めてくる情報には個性がないということです。例えば、三島由紀夫の小説のような精緻な情景描写や心理的描写は、ＣｈａｔＧＰＴには現時点ではできません。小説だけでなく、人の心に訴えかける商

品や企画には、個性や特徴が必要ですが、**生成AIが個性の部分を担うことは、当分は難しいでしょう**。個性豊かな発想ができる人間でいることが、ＡＩに代替されないための大きなポイントなのです。

個性豊かな発想を支えるのは、リアルな場数です。

リアルな場数とは、予想外の現実とぶつかって困惑するような体験を積み重ねること。困りながらも、自分なりに解決策を考え抜く体験の積み重ねが、個性豊かな発想を育ててくれるのです。

また、**豊かな発想力を身に付けている人は、失敗の名人**でもあります。失敗しても自他を責めることなく「どこから間違ったんだろう」と冷静に振り返り、失敗を糧に新たなアイディアを導くことができます。失敗を恐れて誰かの指示通りに動く習慣は、個性豊かな発想にはつながりません。

いくらでも失敗することができる中高生のうちに、リアルな場でできるだけ転び、立ち上がる経験をし、ＡＩにはできない豊かな発想力を育んでおきましょう。

安定志向を捨て、現代の職業観にアップデートする

ＡＩの進化により、今ある職業や業務の多くが数年のうちに姿を消すといわれています。問い合わせ対応などのカスタマーサポートはすでにかなりの部分がＡＩ化されており、資料作成時に使うテキストや画像などにＡＩを使っているケースが飛躍的に増えてきています。

そんな今、**子どもの未来を考えるときに必要なのは、自分の抱えている「常識」をいったん捨てる**ことです。例えば、新卒で入社した大企業を息子が退職すると言い出したら、あなたはどうするでしょう。

今の若い世代は、自分の能力を活かすフィールドを選ぶことに意欲的です。必要とあれば、転職はもちろんのこと、副業したり、起業したり、大学へ戻って学び直しをしたりと、柔軟にフィールドを変えていこうとします。そんな彼らに、

「普通、3年ぐらいは同じ会社にいるものだ」

などと、自分の中の常識を押し付けてしまうのはナンセンスです。

たしかに、終身雇用が一般的だった親世代の常識からすれば、転職は給与や待遇の低下を意味します。簡単に転職を言い出すのは我慢や根性が足りないようにも見えるかもしれません。

しかし、若い世代にとっては、**転職は自分の力をより良く活かすための主体的な選択**です。また、大学生による人気就職先ランキングの上位を、親の時代にはまだ一般的でなかった外資系コンサルティング会社が占めているように、子どもたちはこれから、親が聞いたことも考えたこともないような進路を選び取っていくことにもなるのです。

親としては心配な面もあるでしょうが、**人生をどう生きるかの選択はその子自身のもの**です。頭ごなしに否定することはせず、子どもが自ら選び取ったチャレンジを、どうか、心から応援してあげてください。

子どもの職業観に影響する親の働き方を見直す

顔を合わせれば親に対して生意気なことを言っていても、中高生は、自分の安定した生活が親の日々の労働の下に成り立っていることをよく知っています。

彼らは、親が仕事にどんな姿勢で臨んでいるかを意外なほどよく見ています。**将来を考え始める時期の彼らにとって、親は最も身近なロールモデル**だからです。

進路希望の面談をしてみると、親と同じ大学、親と同じ職業を志望する生徒は案外多いものです。逆に、親が苦労している姿を見て、同じ職業には就くまいと決意している生徒もいます。**親が仕事に向き合う姿は子どもに大きな影響を与える**のです。

共働き家庭の場合、子どもが小さい頃は、妻か夫のどちらかが仕事をセーブすることもあったでしょう。ワークライフバランスに悩みながら、日々をどうにかやりくりしてきたのではないでしょうか。専業主婦（夫）家庭の場合も同様です。家を守る役割と外で稼ぐ役割に分かれる分、ときに孤独を感じたり、大きなプレッシャーを感じたりしながら試行錯誤を続けてきたのではないでしょうか。

また、子どもが中高生になったことで、今までセーブしていた仕事を増やしたり、再就職したりする場合もあるでしょう。そんなふうに、**柔軟に働き方を変える親の姿を間近に見ることで、子どもの労働観や生活観も育まれていきます。**

よく、保護者が冗談のように、

「もう私はお金を稼ぐしか子どもにしてやれることがありません」

と言いますが、それも半分は本当のことです。

可能な限り経済的な余裕をもっておいたほうが、子どもの進路選択にも柔軟に応えることができます。

親離れしつつある中高生にとって、自分にかかりっきりになるのではなく、安心して仕事に向かう親の姿は嬉しいものです。子どもが中学生になったタイミングで、この先10年の働き方を改めて考え直してみるのはいかがでしょうか。

親の視野を広げて、子どもの将来の選択肢を増やす

子どもの将来を考えるときに、親の視野が狭くなる理由は大きく2つあると、私は考えています。

1つは、自分の経験から来る固定観念です。自分の人生に満足しているかどうかにかかわらず、年を重ねるほど新たな情報も入りにくくなり、自分の思う「正解」の範囲は狭くなります。また、**自分が体験してきたことだけに、頑固にもなりがち**です。

もう1つは情報不足です。中学受験のときは頻繁に学校説明会に足を運び、塾やメディアからの情報を熱心に集めていたご家庭でも、大学受験となると子ども任せになりがちです。しかし、子どもが自分の能力や志向に合ったフィールドを見つけるためには、**親の側がまず、社会には多くの選択肢があることを知る必要があります**。

それは、子どもの代わりに調べるということではありません。子ども自身にとって

も、情報収集や決定のプロセスを体験することは必要です。親がすることは、子どもの選択を応援する親自身のための情報収集です。親がたくさんの選択肢を知っておくことで、まず、子どもを頭ごなしに否定しなくて済みます。こんな成績では大学に行けないのではないかと焦る必要がなくなるということです。また、子ども自身が進路のことを相談してくるとき、現実に即した的確なアドバイスができるようにもなります。

もちろん、経済的な問題などの前提要件については語る必要があります。しかしその場合も、お金がないからダメだと拒絶するのではなく、奨学金など**資金調達の方法を考えたり、子どもの思いを汲んだ代替案を示したりしてほしいのです**。そして、それらの情報をもとに、子どもに判断させてあげてください。そうした体験を通じて、子どもは現実と折り合いをつけながら自己実現していく術を学ぶのです。

進路に関する親のサポートは、究極的には、

「どのフィールドで生きると、子どもの良さが活きるか」

が一番の観点です。子どもにとっても進路の決定は不安なものですから、親として、できるだけポジティブに支えてあげてください。

子どもの良さが活きるフィールドを選択肢として示す

難関大学を卒業することは、その人が優秀だということの証明には、残念ながらなりません。社会に出れば、学歴など関係なく、優秀な職業人として活躍する人を多く目にすることになります。それは、親である皆さんも体験してきたことでしょう。

私は地域の経営者の集まりに参加することも多いのですが、そこに集まる経営者の学歴も実にさまざまです。**社会的な成功と学歴は、案外関係がないものです。**

これは、裏を返せば、子どもが将来生きるフィールドによっては、学歴のミスマッチが起きるということでもあります。

「できるだけ偏差値の高い大学に行ったほうが将来の選択肢が増える」

と考える人は多いのですが、それは、ホワイトカラーといわれる職業の中での選択肢が増えるだけの話であり、ホワイトカラーの職業に就くことが、経済的な安定や幸せを約束してくれるわけでもありません。これからの子どもたちは特に、自分の良さを最大限活かせるフィールドを、かなり広い選択肢の中から選ぶようになります。

そんな時代の過渡期にあって、親の在り方は非常に重要です。生きるフィールドを考慮せず、やみくもに大学進学を強いることは、かえってその子の選択肢を狭めることになってしまいます。

親に必要なのは、**子どもの現実を見極め、子どもの良さが最も活きそうなフィールドを探り、選択肢として示す**ことです。そして、**選択肢を示したうえで、最終的な判断を子ども自身に任せる**ことです。

親の言う通りに勉強して大学に入り、周りに合わせて就職活動をして、入社してみたらブラック企業だったということでは、子どもの主体性が育たないばかりか、大きな挫折を味わうことになるでしょう。

学歴にこだわらず、子どもの良さが活きるフィールドを柔軟に考えることが、ＶＵＣＡ時代の親には求められているのです。

ネームバリューではなく、大学発信の情報を精査しよう

社会と直接接続する大学の在り方は、時代の要請を受けて大きく変化しています。その中でも注目したいのが、地方大学の躍進です。

例えば、2000年に別府市で開学した立命館アジア太平洋大学、2004年に秋田市で開学した国際教養大学は、**多文化・多言語環境で国際人としての感覚や言語スキルを身に付けられる**点で開学以来注目を集めています。近年は、大学の教育環境、研究環境を評価する国際大学ランキングでも、国内大学の上位を占めるようになりました。

また、2024年11月、東北大学が日本初となる国際卓越研究大学の認定を受け、大きな話題となりました。認定を受けたことで、東北大学は今後、国からの10兆円規模の助成を受けて、**世界トップレベルの研究力の醸成**を目指すことになります。

こうした潮流を見ていると、高等教育が**グローバルで活躍できる人材育成・研究力醸成**に完全に舵を切っており、そこに社会的な評価も伴ってきていること、また、その流れが首都圏よりもむしろ地方大学で強まっていることが見て取れます。

それは、避けられない超少子化の流れの中で、それぞれの大学が生き残りを懸け、自らを変化させていることの１つの表れなのでしょう。大学改革の「選択と集中」の流れの中で、多くの親たちが子どもを入れたいと考える名門大学や伝統校も、いつどうなるかわかりません。ネームバリューで大学を選ぶ時代は、もうとっくに過ぎ去っているのです。

幸いなことに、今、**大学の情報開示は相当進んでいます**。各大学のサイトを見れば、所属教員の研究内容や実績、授業のシラバスが公開されています。オープンキャンパスに参加すれば、授業内容もよりリアリティをもってイメージできるようになるでしょう。これらは、雑誌や予備校のランキング情報では得られない生の情報です。

既存の印象に囚われることなく、各大学からの発信を積極的に活用して、お子さんにとって満足のいく進路選びにぜひ役立ててください。

大学入試でも主体性・協働性を重視

２０２０年から大学入試改革が始まり、大学入試の方法が、「一般選抜」「総合型選抜」「学校推薦型選抜」の3つになりました。

このうち、筆記試験を中心に、思考力や知識を評価するのが一般選抜です。総合型選抜は以前ＡＯ入試といわれていたものに近く、小論文や面接、集団討論・プレゼンテーションなどで自分の考えを表現することが重視されています。

多くの保護者にとって、受験といえば一般選抜の印象でしょうが、令和5年度の文部科学省のデータによると、一般選抜による入学者の割合は48・９％。**残りの約50％は、学校推薦型選抜や総合型選抜により入学しています**。大学入試の世界は、親の世代とは大きく違っているのです。

また、入試で評価される学力も大きく変わりました。以前の大学入試が個人の「知識・技能」「思考力・判断力・表現力」を問うものだったのに対し、グローバル化や超少子高齢化が急速に進み、変化の激しい時代に必要な「主体性をもって多様な人と協働して学ぶ態度」も併せて重視されるようになりました。そして、これまでの「知識・技能」は、「思考力・判断力・表現力」を支える基礎として位置付けられるようになったのです。

よくある誤解として、

「体験が重視されるようになったから机上の勉強は不要になった」

と思われがちですが、決してそんなことはありません。**その他の学力の基礎となる知識のインプットや、読み書き計算といった基礎スキルの習熟は必須**です。また、「体験が評価されるから、あのプログラムに参加させたほうがいい」などというのも誤りです。親主導で勝手に決めるのではなく、いろいろな機会の中から**子ども自身が主体的に選び取った体験が大切なのです**。

大学入試は、時代の要請に応じて変化し続けています。今は変化の過渡期なので、大学入試を巡る情報は、早いうちからぜひ押さえておきましょう。

時代を読み、より良く生きるための「変容力」を中高時代で育む

高校を卒業する18歳あたりで、親が子どもを育てる「子育て」は一区切りとなりますが、そこからは、子ども自身が自分を成長させていく、自己成長のフェーズに入ります。**時代を読み、より良く生きるために臨機応変に変わり続けていける力**を、中高時代のうちに育んでおきたいものです。

特に日本は、伝統的に変化を避ける傾向にあります。変化することを否定的に表現する「変節する」という言葉が象徴的です。2008年の初めに、世界の変化に取り残された日本の携帯電話市場を表す「ガラパゴス化」という言葉が流行しましたが、日本が、変化を嫌う自分たちの性質を客観視するようになったのはその頃からです。

新しい社会課題が次々と生まれる今、社会のさまざまな場面で、それまでのスタンダードがどんどん通用しなくなってきています。グローバル化も進み、タフな他国の

人たちと切磋琢磨していかなくてはならない時代です。**ＶＵＣＡ時代には、変化することのリスクをとらずして複利を得ることはできないのです。**

変化に応じて自分を変えていける力を身に付けるためには、中高時代にいかに上手に失敗してきたかが鍵になります。失敗したときに、今までのやり方を変えてみたり、他のフィールドに移ってみたりしながら、より良い方向を模索してきた経験が活きてくるのです。

そのためにも、子どもが失敗したときの親の対応はとても大切です。失敗を子どもの努力不足だと捉え、同じことを繰り返させてしまっていると、柔軟に自分を変えていけるようにはなりません。必要なのは、**他にもたくさんの選択肢があることを、親が子どもに見せることであり、子どもの選択を尊重すること**です。

「思い切って変えてみたら案外良かった」

という体験を、親がフォローできる中高生時代にこそ、たくさん積ませてあげてください。

自分とは異なる他者との付き合い方の基本を学ぶ

グローバル化が進み、多様な価値観をもつ人たちとコラボレーションする機会がどんどん増えていますが、**土台となるのは人間関係をつくる力**です。

日本の男子は、海外留学などに行った先で人間関係をつくることが苦手だという話をよく聞きます。いろいろな国の仲間に積極的に話しかけに行って、留学生活をエンジョイするのはもっぱら女子で、男子は部屋にこもりきりになったり、日本人だけで集まったりしがちだという話を、あなたも聞いたことはありませんか。これからの時代、我が子は大丈夫かな？　と心配にもなるでしょう。

ただ、海外研修に参加する本校の生徒たちの様子を見ていると、男子だからといって人間関係をつくるのが苦手だとは思いません。積極的な子は国籍も性別も問わずにどんどん交流し、ＳＮＳアカウントの交換なども熱心にしています。一方で、同級生としか関わろうとしない生徒もやはりいます。興味深いことに、学校で見せる顔とはまた別な場合が多々あります。

せっかく海外にまで行って同級生とばかり話していたのでは、多額のお金を出す親としては複雑な気持ちになると思いますが、その体験も決してムダではありません。そうやって今まで気づかなかった自分の性格を客観視できれば、やり方はいくらでも学ぶことができるものです。

他者と人間関係をつくるには、**相手に関心をもって接することのできるオープンマインドや、自分の感情や行動をうまくコントロールする力**が必要です。

こうした人間的なバランス感覚をごく小さい規模で学ぶことができるのが、子どもにとって最も身近な共同体となる学校です。それも、仲良しグループだけで固まるのではなく、**できるだけたくさんのコミュニティに参加することで、自分とは異なる他者との付き合い方の基本を学ぶことができます**。これまで話したこともなく、趣味も話も合わなそうな同級生と同じ委員会に入ってしまったというような、気まずい体験が、人生の意外な場面で活きてくるのです。

歩合で勝負できるたくましさを育てよう

グローバル時代をたくましく生き抜くリーダーシップを身に付けるために、子どもたちには、**リスクを背負って歩合で生きる感覚を身に付けてほしい**と考えています。これは、私が商売をやっている家に生まれたからこそ言えることかもしれません。売れた分が自分の稼ぎになる商売は、完全なる歩合制の世界です。休んでも、業績が上がらなくても基本給が保証されるサラリーマンの感覚とはずいぶん違います。

アメリカの子どもは、欲しいものがあると自分のできることでお金を稼ごうとします。お小遣いでレモンを買ってレモネードをつくり、値段をつけてガレージで売るというようなことを、ごく小さな頃からやっているのです。

自分の持っているものでどうやって相手を喜ばせるかを考え、形にする体験はかけがえのないものです。お手伝いをしてお小遣いをもらうのと大きく違うのは、お手伝いが親に頼まれたものであるのに対して、レモネードには、せっかくつくっても売れないかもしれないリスクがあることです。レモネードが売れなければ、子どもは原因を考え、チラシをつくったり、購入のフックになるような付加価値をつけたりと、さまざまな工夫をするようになるでしょう。リスクを背負いながら、より良い結果に向かって行動できるようになるための、またとない体験になっているのです。

一方、日本では、ともすれば、**お金に関することから子どもを遠ざけがち**です。しかし、レモネードを売って商売の基本を体得してきた子どもたちと、「お小遣いをあげるから、そんなことしていないで勉強しなさい」と言われて育った子どもたちがぶつかり合うのが、グローバル社会です。

グローバル社会を生き抜くたくましさを子どもたちが身に付けるためには何ができるかを、私たちは海外のやり方からもう少し学ぶ必要があるのではないでしょうか。

できるだけ多くのフィールドを体験し、自分に合うものを選ぶ

大学入試改革により、総合型選抜や学校推薦型選抜で評価される人物像が、AO入試時代とは大きく変わってきています。主体性や協働性が重視されるようになり、従来のような、

「クラブ活動を熱心にやり、結果を残しました」

ということでは評価されなくなってきているのです。例えば野球一筋でやってきたとしても、それで食べていけるのは本当に特殊な一部の人だけです。にもかかわらず、これまで大学入試や就職で体育会が有利だったのは、目標のために1つの場所でひたむきに努力して自分の技能を磨いたり、厳しい先輩の言うことを聞いて行動できる素直さが評価されていたからです。

しかし今、多くの分野において、技能の習熟は機械に代替されるようになり、コン

プライアンスの浸透により厳しい先輩もいなくなりました。その代わりに**人と違う発想で問いを立て、対等な立場で他者と協働しながら、主体的に解決していく力**が求められるようになっています。これらは、1つの場所で1つのことに専念していては、なかなか身に付かない資質です。

日本でも近年注目され始めていますが、欧米では、幼少期にさまざまなスポーツ体験を積んでいく**「マルチスポーツ・アプローチ」**が主流です。マルチスポーツといっても、いっぺんにいろいろなスポーツをやらせるわけではありません。サッカーをやっていた子が途中でテニスに変えてみるというように、**フィールドを柔軟に変えていこうとする考え方**を指しています。複数のスポーツを学ぶことで、体のさまざまな使い方を身に付けるだけでなく、主体性や、多様なコミュニケーションのスタイルを学ぶことができる点が評価されています。

最終的には1つのことに定まっていくとしても、その前に、できるだけたくさんのフィールドを体験し、その中から自分の好きなものを選び取ることの価値が認められるようになってきているのです。

子どもの未来を必要以上に怖がらなくていい

経済成長率が長期にわたり低迷を続ける中で超少子高齢化が進行し、日本はかつて経験したことのない時代に突入しています。親自身の人生も先行き不透明な中、子どもの将来となるとさらにどうなっていくのかと、大きな不安をおもちの保護者の方も多いのではないでしょうか。

しかし、これまで、数多くの生徒の卒業後を見てきましたが、**親の心配通りになってしまう子どもというのはまずいません**。時間がかかったとしても、自分の道を歩んでいる姿に、人間は必ず適応していく動物なのだという本質を思い出します。

むしろ、問題は親の側です。人は、年齢を重ねるにしたがって頑固になり、適応力は鈍っていくものです。どうしても子どもとの間にギャップが生まれます。

まずは、そのギャップに自覚的になりましょう。自分のことですから、子どもは最終的には自分でどうにかするものです。親が考えるより、子どもはずっと柔軟です。それなのに、親が隣で心配ばかりしていると、子どもは自信をなくしてしまいます。

本当は、親が「親はなくとも子は育つ」と大らかに構えていたほうが、子どもも失敗にめげない強さを身に付けることができて良いのです。

しかし、それでも関わりたいのが親というものでしょう。そこで、皆さんにお願いしたいのは、子どもが何かやってみたい、チャレンジしてみたいと言ったことは、できるだけ見守ってほしいということです。動画の好きな子どもがYouTuberになりたいと言うなら、**それがいくら自分の趣味とは合わなくても、否定しないであげてほしい**のです。もちろん、具体的な不安要素があれば率直に伝えてあげることは必要です。しかし、それでも本人がやると言うならば、そこは本人を信じて任せるべきでしょう。

よほどのことでない限り、**自分で決めたことの失敗は、自分で受け止めることができる**ものです。そして、チャレンジする我が子の絶対的なサポーターでいられるのは、親である皆さんだけなのです。

10年後、20年後の社会に適応できる人間に育てる

これからは机上の学習に縛られない体験が必要だと考えて聖光塾を始めたとき、周囲に似たようなことをやっている学校はありませんでした。

グローバル時代の到来に合わせてオンライン英会話を必修にしたのも、生徒に1台ずつＣｈｒｏｍｅ ｂｏｏｋを持たせ、ＩＴを使った学習を積極的に導入したのも、比較的早い時期のことです。

私は、**どうせ変わることならば早めに変わったほうがいい**と考えています。変化の激しい時代ならばなおさらのことです。

例えば、２０２０年のコロナ禍による一斉休校要請により、他の学校が急遽オンライン学習の体制を整えている間、本校は、すでに整っていたシステムの下でいち早くオンライン授業を始めていました。早く変わっていたからこそ、社会の変化に間に合

うことができたのです。

学校は変化を嫌う組織ですが、学校が育てているのは10年後、20年後の社会に適応できる人間です。本来は、真っ先に時代の先を読み、変化していかなければならないはずです。

「不易流行」という言葉の通り、時代を超えて必要とされる力を育てることはもちろん必要です。しかし、どんどん変化する世の中の要請に対応するためには、次世代型の教育をアップデートし続けなければなりません。そのためには、周りの様子を見ていては遅いのです。

また、最初に変化することはリスクもある一方、**まだ誰もやっていないからこそ得られる良さ**もあります。ですから、先行する手本がなくて評価が定まっていないことでも、いろいろ考え抜いたうえで、それでもやるべきだと思えばやってみたほうがいいのです。そして、**やってみて違うと思ったらすぐに撤退すればいいだけのこと**。

今、子どもの周りにいる大人にこそ、そんなフットワークの軽さが必要なのだと、私は確信しています。

ゼロから1を生み出すにはアート思考を身に付ける

気候変動や環境問題、飢餓や貧困など、世界には未解決の社会課題が山積しています。社会課題の解決というと、国や行政が取り組むものと考えられがちですが、もはや課題は国や行政単体で扱える範囲を大きく超えており、官民問わず、さまざまなセクターが協働して取り組むものになっています。どう生きるにしても、社会課題と無縁ではいられない時代です。

複雑化する社会課題を解く鍵として、今注目されているのが「アート思考」です。アート思考とは、**芸術家が行うような創造的な思考法**のこと。芸術家は、既成概念にとらわれない自由なひらめきをもとに、探求を重ね、自分にしかできない表現を生み出していきます。そのプロセスが、ゼロから1を生み出す思考法として、近年、社会課題解決やイノベーションの現場で注目されるようになっているのです。

例えば、印象派の画家は、あの革新的な光の表現を何の手本もない中から生み出しました。その根源にあるのは個人的な体験です。通りかかった湖のきらめきにはっとした、その一瞬の衝撃体験が「ひらめき」。**ひらめきは、体験や価値観、感情といったごく個人的なものと紐づいています。**

画家は、一瞬のひらめきをそのままにはしません。「どこにはっとしたのか」「他のものとは何が違うのか」「それは自分にとってどんな価値をもつのか」など、さまざまな問いを生み出しながら、論理的かつ実践的に探求していきます。

一瞬のひらめきを探求によって発展させることで、画家たちは、さまざまな表現のイノベーションを起こしていったのです。

感性が豊かで、論理的思考力も育ってくる**中高生時代は、アート思考を育むのにも最適の時期**だといえます。そのためにはゼロから何かをつくりあげる絵画、造形、動画制作やプログラミングなどの体験が必須です。中高生時代にはぜひ、マニュアルのない、自由に創造力を発揮できるような体験をたくさんさせてあげてください。

豊かな感情を育み、人間らしさを発揮させる

社会の急速なＡＩ化や機械化が進む今、私たちは、「ＡＩや機械に代替されない人間とは何か？」という問いと向き合う必要に迫られています。感情は人間のいちばん人間らしい部分で、ＡＩや機械に代替されることはありません。

しかし、社会では長い間、感情が軽視されてきました。特に男子は「人前で泣くな」と言われて育ち、感情よりも論理を優先する人間が優秀だと思い込みがちです。

たしかに、人間にも機械のように安定したアウトプットを求めていた時代は、バグの多い人間らしさは価値を下げる要因だとされてきました。しかし、ＡＩ化、機械化が進んだ今、機械ができることは機械に任せられるようになっています。**人間は、人間らしさを武器に生きていく時代**なのです。

動物と比べて、人間らしい感情とはきわめて複雑なものです。

中高生になると、美しいと感じたものに感情が乗るようになります。好きな女の子と別れて帰る道すがら見た美しい夕焼けにふと切なさを感じる、といった情緒的な感情も出てくるものです。また、友達と喧嘩した夜、怒りだけでなくやるせなさや寂しさを感じることもあるでしょう。こうした複雑な感情が生まれるのもこの時期です。

どちらも、**真剣に恋をしたり、友達と喧嘩したりするからこそ生まれてくる感情**です。この年頃特有の、ものごとに対する過剰ともいえる真剣さは、本人にとっては面倒なものでしょうが、人間らしい感情を育むためにはとても大切なことなのです。

こうした体験を掛け値なしにできるのが中高生時代です。恋も喧嘩も、大いにやったほうが良いのです。ご両親も、ぜひ温かい目で見守ってほしいと思います。

中高時代の豊かな感性は、放っておくと退化してしまいます。**大人になっても感性の鋭さを維持するためには、芸術作品に触れるのが最善**です。生涯にわたって鋭い感性を保ち続けることは、人生を創造的に、豊かなものにしてくれると私は信じています。その基盤となる体験を、中高生のうちに積ませてあげてください。

特技や個性を掛け合わせて代替不可能な人間になる

生徒には常々、**どんなことでもいいから特技をもつように**と話しています。

彼らが社会人になると、自分の持ち味や良さをどう活かすかが勝負になってきます。そのときに、自分だけにしかできないものがあるのはやはり強いものです。

あるとき、留学先のパーティーでピアノを披露した生徒がいました。慣れない英語が飛び交う中、奥手な彼は居心地の悪い思いをしていたそうなのですが、ピアノを弾いたとたん、さまざまな国の学生が次々と話しかけてきて、一気に気持ちがほぐれて交流が進んだという話を聞きました。

社会に出ると、とにかく存在を知ってもらわないと始まらないようなところがあります。そんなとき、特技は、自分を表現するための重要なツールになり得ます。

できれば、あまり他の人と重ならないものがベストです。「みんなと一緒」が大好きな日本人はレッドオーシャンに飛び込みがちですが、たくさんの競合相手がいる中で突出した個性を出していくのは難しいことです。**選ぶなら、競合相手の少ないブルーオーシャンに限ります**。

また、特技がないと悩む人であっても、特技や個性の掛け合わせによって、その人だけしかできない領域が生まれるものです。

例えば、ただ単にピアノが得意なだけだったら進む道は限られます。ピアニストにしてもピアノ講師にしても、競合の多いレッドオーシャンです。

しかし、これが、ピアノも中国語も堪能なら、中国人向けのピアノレッスンをしたり、ピアノも語学も教えられる講師になれるかもしれません。また、ピアノの腕がプロ並みの医者ということでしたら、音楽と医療を組み合わせたプログラムをつくり出すことができるかもしれません。さらに**特技や個性の掛け合わせが多くなれば、その分だけ、その人にしかできない特別なものが生まれていく**のです。

生徒には、誰にも真似のできない自分だけの特技をもって、ブルーオーシャンを行く面白さを味わいながら生きていってほしいと願っています。

子どもが苦しんでいるときは言葉や行動に出して愛情を示す

親や学校に守られてさまざまな体験を重ねた学生時代を経て、子どもたちは広い社会に漕ぎ出していきます。ここからが、彼らにとって本当の人生の始まりです。

卒業生の集まりで彼らの消息を聞くたびに、人生とは本当にいろいろなことが起きるものだと改めて感じます。

これだけ先行き不透明な時代には、思うような働き口が見つかるかどうかもそのときの景気次第。入った後も、会社と合わなかったり、会社が潰れてしまったりと想定外のことが起きる場合があります。プライベートも同様で、若くして思わぬ病に伏せたり、そのせいで仕事や恋愛を諦めなくてはならなくなったりと、自分の力ではどうしようもないことも起き得ます。人生とは、本当に一筋縄ではいかないものです。

そんな中で、**すべての困難の根本にある苦しみは、「孤独」**なのではないかと私は考えています。

大切な人と切り離されるとき孤独を感じるものですが、**ものごとがうまくいかないときの無力感の根底にあるのも、世界から突き放されたような深い孤独感**です。

そうした孤独感に苛まれる我が子に対して親ができるのは、

「お前は大切な存在だよ」

と、**言葉や行動を通じて愛情を示す**ことです。

独立して家を出た息子が理由もなくふらりと家に帰ってきたら、それはおそらく、休む場所を求めてきています。

そんなとき、特別なことはしなくてかまいません。お茶を一緒に飲んだり、ソファにごろりと横になったらそっとしておくぐらいでいいのです。さりげない、そして揺るぎない親の愛情に触れて、子どもはまた、前を向く力を自然に取り戻していきます。

一筋縄ではいかない人生を自分の力で歩み始めた子どもに対して、生まれ育った家庭を、深い安らぎを与えてくれる大切な場所として整えておいてあげてください。

「運命が決めたこと」と「自分で選んだこと」を紡いで人生を歩む

子どもの人生にとって、親や家庭の存在はとても大きなものです。数年前に「親ガチャ」という言葉が流行したのも、親の存在が人生に与える影響の大きさを物語っています。

人は、自分が生まれてくる場所を選べません。裕福なお金持ちの家に生まれる子もいれば、そうでない子もいます。どんなに嫌な親でも、子どものうちは自分から離れていくことはなかなかできません。親の存在は、子ども自身がどうにもできない運命だといえます。しかし、親の存在は大きいものの、運命がそのままその人の人生を決めてしまうわけではありません。自分の人生をどう描くかというのは、根本的にはその人自身の考え方次第です。**自分で選んだ行動で、運命は変えていける**のです。

運命を変える大きな鍵となるのが、自分で選び取った経験です。

それはまず、小さな行動から始まります。学校でいえば、隣の席の友達に話しかけてみることや、興味のあった部活動に入ってみること、授業の後に抱いた疑問を教員に質問しに行くことも、その1つかもしれません。そんな小さな1つの行動から、人との出会いが生まれ、**行動した結果はその人の経験の足跡として残ります**。そして、1つの経験がまた新たな行動を生み、そこからさらに、新しい人との出会いや経験が生まれ、連鎖していきます。

人はそうやって、少しずつ運命の影響から脱し、自分の世界を広げていける可能性をもっているのです。特に、人との出会いは重要です。**どんな人と出会うかで、次にどんな行動や経験が生まれるかが決まってきます**。皆さんにも、あの人との出会いが人生の転機となったというようなキーパーソンがいるのではないでしょうか。

運命を織物の「縦糸」に例えるならば、自分が選び取った経験は「横糸」です。人生は、運命の縦糸と経験の横糸が織りなす一枚の布のようなものだと私はいつも感じています。

そして、人は、あらかじめ張られた運命の縦糸に、どんな経験の横糸を絡めていくかを選ぶことができるのです。

とはいえ、中高生の間は、まだ運命の大きな影響下にあります。縦糸の影響からはなかなか逃れることができません。しかし、その**縦糸に、自分の選んだ横糸を絡め始められるようになるのも、またこの時期なのです。**

横糸を増やしていくためには、**自分で選択して行動することが必要**です。横糸の在り方によって、いくらでも人生は変わっていきます。

例えば、私は事業をやる家の長男として生まれました。3代目として跡を継ぐ運命でしたし、周囲もそれを期待していたと思います。聖光学院を受験したのも、もとはといえば、母が近所の聖光生を見かけ、「誠一をあの学校に通わせたい」と思ったことがきっかけでした。私立学校に通える経済状況も含め、このあたりまでは、完全に親の影響下にあったといえます。

しかし、その運命の縦糸に、日々の授業や、聖光祭の運営委員や委員長として汗を流したこと、仲間と同人誌をつくったことなど、自分で選び取った経験の横糸をたくさん絡め、自分の人生を織っていったのです。

その結果、運命の通りに行けば会社の後継者になるかもしれなかった私の人生は、大きく変わりました。

もちろん、中高時代までの親の影響の大きさは疑いようがありません。親としては、果たしてここまでちゃんと育ててこられたのだろうかと自問したり、後悔することもあるかもしれません。

しかし、もうじきお子さんは親であるあなたの影響下から飛び出していきます。すでにもう、自分の力で横糸を絡め、人生という布を織り始めています。

それに、どんなに頑張ったとしても、100点満点の親なんていません。

親としては**「至らなかったかもしれないけれど、やれるだけのことはやった」**。そんなふうに思って、自分の人生を歩み始めるお子さんを、どうか応援してあげてください。

子どもを人生のステージに気持ち良く送り出すのが親の最大の役目

幼児期や小学校の頃と違い、中高生の親の役目は、6年間かけて、子どもを人生のステージに送り出すことにあるのではないでしょうか。

「子どもの人生は子どものもの」

ということはわかっていても、毎日家に帰ってきて、自分のつくったご飯を食べて眠る我が子を相手に実感するのは案外難しいものです。子どものやることに手を出しすぎたり、反省して引っ込めすぎたりと、これまでも試行錯誤の日々だったのではないでしょうか。

しかし、それももう、じきに終わります。**現代の子離れの目安は、一般的には高校卒業あたりでしょう**。それまで濃密な母子カプセルに入っていたとしても、逆に親子の諍いで険悪になっていたとしても、高校を卒業する頃になると、子どもも嘘のように落ち着いてくるものです。

卒業式に晴れやかな表情で写真を撮ったり撮られたりしている卒業生親子の姿を見ていると、もうここから彼らは別の人生を歩むことになるのだなと、感慨深いものがあります。

ここまで、子どもがＶＵＣＡ時代を生き抜くために必要なことをさまざまな角度からお伝えしてきましたが、究極的には、**子どもの主体的な選択を尊重する姿勢**が最も重要です。足りなかったところは、子どもが自分でどうにかするはずです。

子どもが巣立った後は、実はけっこう寂しいものです。学校ですら、高３生が巣立った後しばらくは、がらんとした寂しさが校内に満ちています。

とはいえ、当の子どもはもう、**希望に満ちた新しい生活や人間関係がスタートしています**。寂しいからといって、子どもの下宿に行って世話を焼くのはやめておきましょう。親はもう、自分の人生を生きる時間に入ったのです。

親子はこれから、混迷を極める社会を共に生きる仲間になっていきます。いつまでも互いを応援できるような、良い関係をつくっていってください。

おわりに

1人より2人のほうが幸せだ
共に労苦すれば、彼らには幸せな報いがある
たとえ一人が倒れても、もうひとりがその友を起こしてくれる

聖書「コヘレトの言葉」第4章

6年前から聖光学院と同じ法人の幼稚園園長も兼務しています。幼児教育は初めての経験でしたが、今までの中高の教員生活の経験も踏まえて、「共に生きること」を標榜しています。冒頭の聖書の言葉にもあるように、私たちは1人で生きていくより助け合うことが大切です。だからこそ、幼児教育で心がけることは何かと問われると次のように答えています。

1人でいるときには1人でいられるように、2人のときには仲良く遊ぶ、そしてみんなでいるときには力を合わせて協力し合える子を育てることが大切です、と。そしてこのことは、幼児教育に限らず、大人になってもずっと必要な生

き方の基本であると考えています。幼稚園・小学校で基本的な習慣としてこのような生き方の土台を教えた後も、中等教育において、自我の成長に伴って再びこのテーゼを繰り返し教育することが必須です。力を合わせ協力するというのは人間がともに1つの共同体で暮らしていくときに欠かすことのできないことです。そのためには、1人のときの自分、2人のときの自分、多数のときの自分というように、さまざまな条件を経験する中で、自分の「人としての生きる姿勢」を確立させることが大切なのです。

このように考えてみると、先に述べた生き方を実践するのであれば、それは幼児期の小さな習慣から始まり、少年、青年としての成長過程を通じ、最も大切にすべきことは自分自身の人格形成であり、他者の人格に対する尊厳を身に付けることでしょう。

私はほぼ半世紀にわたり、中高生の教育に携わってきました。数千人の生徒が運命の縦糸に葛藤しながらも、自分の生き方の横糸で10代という人生の一時期を形成する姿を見続けてきました。私の学校はカトリックの男子校です。毎年、中学1年生の生徒と長崎へ巡礼の旅に出かけます。そのときには、遠藤周作の

『沈黙』の舞台となった外海地区を訪れることにしています。

人間がこんなに哀しいのに
主よ
海があまりに碧いのです

「沈黙の碑」より

多くの子供たちが成長していく姿、そして大人になった姿、あるいはそれだけでなく、私、いやこの世に生を受けた人々すべてが歩んだ人生を振り返って思う感慨を、見事に言い表している言葉であると思うのです。この碑文を見るたびに寂寥感はあるものの、なぜか安らぎも感じます。

人生を生きていくことは哀しみを重ねていくようなものです。何よりも大いなる川のように時は流れ、戻ることはないという明白な事実を、私たちは変えることはできないのです。私たちはただただ受容するしかありません。

人生の座標軸の中で、青年期は多感で、実際に経過した時の流れよりも濃密な印象となって残るものです。この時期に感じ取り、身に付けた感性がこれからの人生の哀しみを越えて行く大きな力になると、私は考えています。このことが、私の教育観の原点にはあります。

学校へ続く坂道を私は今日も歩いています。同じように生徒たちも歩き続けてきたし、そしてこれからも歩んでいくでしょう。1日にも時の移ろいがあり、1年にも季節の変化があり、生涯にも光陰があります。人はそれぞれを美しい出来事として、あるいは哀しかった出来事として経験しています。そして、青春時代を振り返ると、檸檬色の思い出として脳裡に刻印されている出来事もあったことでしょう。朝日の眩しさ、夏の日の昼下がり、家路へと向かう黄昏時、そして空の星の瞬きなど、原風景の中に私たちが生きた証を発見する。そしてそれが生きる力へとつながっていくのです。

教育とはこうした感性の覚醒につながる小さな原体験を子どもたちに対して働きかけることです。そして、これからも私が歩み続ける道だと確信しています。

2025年1月吉日

聖光学院中学校高等学校 校長　工藤誠一

工藤誠一（くどうせいいち）
聖光学院中学校高等学校 校長
1955年横浜市鶴見区生まれ。明治大学法学部卒、同大大学院政治経済学研究科博士前期課程単位取得修了。1978年に母校である聖光学院中学校高等学校に奉職。事務長、教頭を経て2004年、校長就任、2011年から理事長にも就任。さゆり幼稚園園長、静岡聖光学院理事長・校長を兼務。神奈川県私立中学高等学校協会、私学退職基金財団、神奈川県私立学校教育振興会、横浜YMCAの各理事長、日本私立中学高等学校連合会副会長などの要職を務める。2016年、藍綬褒章を受章。（2025年1月現在）

VUCA《ぶーか》時代《じだい》を生《い》き抜《ぬ》く力《ちから》も学力《がくりょく》も身《み》に付《つ》く
男子《だんし》が中高《ちゅうこう》6年間《ねんかん》でやっておきたいこと

2025年2月19日　初版発行
2025年6月15日　再版発行

著者／工藤《くどう》 誠一《せいいち》

発行者／山下 直久

発行／株式会社KADOKAWA
〒102-8177　東京都千代田区富士見2-13-3
電話 0570-002-301(ナビダイヤル)

印刷所／株式会社DNP出版プロダクツ

製本所／株式会社DNP出版プロダクツ

●お問い合わせ
https://www.kadokawa.co.jp/（「お問い合わせ」へお進みください）
※内容によっては、お答えできない場合があります。
※サポートは日本国内のみとさせていただきます。
※Japanese text only

定価はカバーに表示してあります。

ISBN 978-4-04-607378-5　C0037